UNE ŒUVRE
UN PARCOURS

Michel de Montaigne

Essais

PARCOURS

Notre monde vient d'en trouver un autre

Alexandra Huguet
Agrégée de Lettres modernes
Professeure au lycée René-Cassin (Gonesse)

Nathan

Sommaire

ISBN : 978 209 186496-2

Objectif BAC

Méthode

Apprendre et réviser

La dissertation

L'oral

REPÈRES

Montaigne

1 L'auteur

→ Naissance et éducation

• Michel de Montaigne est l'un des sept enfants de Pierre Eyquem. **Il naît en 1533 en Périgord, dans le château familial de Montaigne,** dont il fera, le premier, son patronyme. La famille de Montaigne est très aisée, tant par la réussite commerciale des Eyquem que par l'alliance heureuse de Pierre avec Antoinette de Louppes, fille d'une riche famille.

• Pour Pierre Eyquem, il est essentiel d'offrir une excellente éducation à ses enfants. Il engage un précepteur allemand qui, ne connaissant aucun mot de français, parle uniquement en latin avec Michel de Montaigne, ses parents, et même les domestiques ! **Montaigne poursuit ses études au collège de Bordeaux, encadré par de grands professeurs humanistes,** avant de se diriger vers des études de droit.

Le saviez-vous ?

Montaigne parle le latin comme langue maternelle, et il a, jeune collégien, joué des comédies antiques… en latin !

→ L'importance des voyages

• La carrière professionnelle de Montaigne est très riche. D'abord conseiller à la Cour des aides de Périgueux, **il entre en 1557 au Parlement de Bordeaux.** Ces charges lui imposent de nombreux déplacements en France, pour le compte des rois François II puis Henri de Navarre.

• **Dès la fin de ses études, les voyages rythment sa vie.** En 1559, c'est à cheval qu'il fait ainsi le long trajet de Toulouse à Paris. Il passe quelques années dans la capitale, décevant son père très strict par le caractère un peu dissipé de sa vie…

- Parmi les voyages essentiels, on retiendra celui qu'il accomplit à **Rouen en 1562**, où il rencontre des membres de la tribu anthropophage* des Tupinambas, et **le long tour d'Europe entrepris entre 1580 et 1581** pour soigner, par des cures thermales, une maladie des reins qui l'handicape fortement.

→ Étienne de La Boétie

- C'est au Parlement de Bordeaux que Montaigne fait **une rencontre fondatrice, celle d'un autre juriste, Étienne de la Boétie**. Très rapidement, se développe entre les deux hommes une amitié essentielle, si intime et singulière qu'elle est, encore de nos jours, proverbiale.

- Elle dure peu : **Étienne de la Boétie meurt en 1563, à 32 ans, dans les bras de son ami**. Cette mort plonge Montaigne dans une dépression. Pour de nombreux spécialistes, ce deuil serait à l'origine de la rédaction des *Essais*, que Montaigne entreprend comme une lettre, par-delà la mort, à son ami trop tôt disparu.

Citation à retenir

« Parce que c'était lui ; parce que c'était moi. »

I, 28, « De l'amitié »

→ L'écriture des *Essais*

- Son éducation a marqué à jamais le rapport de Montaigne à la lecture. **La pièce la plus importante de son château est son bureau, qu'il appelle sa « librairie »**. Elle renferme une bibliothèque d'une taille très importante pour l'époque, constituée de sa collection et de celle d'Étienne de la Boétie. Ce large espace est décoré de peintures mythologiques, et Montaigne fait graver sur les poutres de la charpente une cinquantaine de citations grecques et latines.

- **Il s'y retire en 1571 et commence alors la rédaction des *Essais*, qui l'occupera pendant les vingt prochaines années**. Parce qu'il aime le mouvement du corps qui, pour lui, est indispensable à celui de l'esprit, il marche sans cesse dans sa bibliothèque, et dialogue avec tous les penseurs de l'Antiquité qui l'inspirent.

Le saviez-vous ?

Dans son bureau, Montaigne fait graver en latin l'inscription suivante : « L'an du Christ 1571 […] Michel de Montaigne, depuis longtemps dégoûté de l'esclavage de la cour et des charges publiques, se sentant encore en pleine vigueur, vint se reposer sur le sein des doctes vierges, dans le calme et la sécurité. »

Le saviez-vous ?

Montaigne rencontre **Marie de Gournay** à Paris, en 1588. C'est à celle qu'il nomme sa « fille d'adoption » que l'on doit la troisième édition des *Essais*, en 1595, qui intègre les dernières réflexions de Montaigne avant sa mort.

→ Le maire de Bordeaux

- **Au cours de son voyage en Europe, en 1581, Montaigne apprend qu'il a été élu maire de Bordeaux**. Il y accomplit deux mandats de suite. S'il travaille avec beaucoup de rigueur et de sérieux, ce n'est pas ce qu'il souhaite faire et il s'en plaint à plusieurs reprises dans les *Essais*.
- Il quitte sa charge en 1585 et poursuit ses activités politiques pendant quelques années. Il est notamment très sollicité par Henri de Navarre, qui lui demande de le rejoindre à Paris pour travailler à ses côtés, proposition qu'il décline. Les dernières années de Montaigne sont occupées par des lectures incessantes et la rédaction du troisième livre des *Essais*. **Il meurt dans son château, en 1592**, pendant la messe.

2 Le contexte historique et culturel

Le saviez-vous ?

L'attribution à Galilée de l'expression devenue proverbiale *E pur si muove* (« **Et pourtant elle tourne** »), est une légende ! Si elle figure sur un tableau contemporain de Galilée, aucun témoignage ne confirme qu'il a prononcé cette phrase.

→ Les révolutions techniques

- En **1543, Nicolas Copernic** publie un ouvrage fondamental, *Des révolutions des orbes célestes.* **Contre la théorie antique du géocentrisme*, qui place l'homme et la Terre au centre de l'univers, il défend l'héliocentrisme***. Ce modèle, développé ensuite par Galilée puis Kepler, est violemment attaqué par l'Église catholique qui, en affirmant le dogme de la création divine de la Terre et de l'homme, maintient qu'ils sont tous deux au centre de l'univers.
- Cette découverte, comme tant d'autres, bénéficie, au XVIe siècle, d'une autre invention capitale : **l'imprimerie de Gutenberg, en 1450**. Après des dizaines d'années de perfectionnement, elle permet **une grande augmentation du nombre d'ouvrages en circulation**. Élèves, professeurs, érudits peuvent posséder leurs propres livres, et les bibliothèques se multiplient. L'éducation en est facilitée, tout comme une pratique individuelle de la religion.
- Les **innovations techniques** se portent enfin sur tout ce qui permet d'améliorer les voyages en mer. Les Portugais inventent **la caravelle,** dont les caractéristiques techniques

permettent des voyages plus sûrs sur l'océan Atlantique. **Les instruments de navigation** enfin sont d'une grande aide : boussoles, astrolabes se perfectionnent constamment.

→ L'époque des grandes découvertes

• Grâce à ces découvertes, **les voyages maritimes se font de plus en plus ambitieux**. Deux peuples concourent aux plus grandes explorations, les Espagnols et les Portugais. La découverte de nouvelles terres est au cœur d'une lutte de pouvoir et de domination.

• Pour développer le commerce des épices, **Christophe Colomb** cherche une nouvelle porte vers les Indes. Dans **quatre voyages successifs, entre 1492 et 1504**, il découvre les Caraïbes et les côtes de l'Amérique centrale. Son entreprise est suivie par bien d'autres navigateurs : Vasco de Gama, Vespucci, Magellan ou encore Cartier.

• **Les chapitres « Des coches » et « Des cannibales » décrivent ces conquêtes.** Elles sont très rapides : aidés par leur supériorité numérique et technique, les colons espagnols et portugais n'ont guère de mal à soumettre les populations précolombiennes. Mais de nombreux crimes sont commis par ces chefs ambitieux, transformant rapidement ces conquêtes en **extermination de masse au prétexte d'une évangélisation de ces civilisations.**

Citation à retenir

« Notre monde vient d'en trouver un autre. »

III, 6, « Des coches »

3 L'humanisme

→ Le retour aux textes antiques

• Paradoxalement, les champs de bataille favorisent **l'expansion des connaissances scientifiques et culturelles.** En 1453, la prise de Constantinople par les Turcs engendre un exil des savants grecs vers l'Italie, qui emportent avec eux leur savoir, leurs textes, leurs manuscrits. Plus tard, les campagnes d'Italie pendant la guerre entre François Ier et Charles Quint, entre 1519 et 1547, permettent l'importation en France des trésors du Quattrocento, les œuvres de Léonard De Vinci, Michel-Ange et Raphaël.

Le saviez-vous ?

Il ne faut pas confondre humanisme et Renaissance. L'humanisme est un mouvement de pensée, un mouvement culturel. Il se développe pendant la Renaissance, qui désigne une période historique.

> **Le saviez-vous ?**
> L'humanisme revient au concept latin des *humanitas*, qui désigne un idéal de culture, d'éducation et de sociabilité de l'homme.

● Les grands savants proposent, grâce à ces nouvelles connaissances, **des traductions neuves des textes antiques et de nouvelles interprétations**. La lecture d'une œuvre n'est plus soumise à l'acceptation passive des interprétations des maîtres : chacun peut apporter son éclairage, et proposer une critique des textes.

→ L'homme, « mesure de toute chose » (Platon)

> **Citation à retenir**
>
> « Chaque homme porte la forme entière de l'humaine condition. »
>
> III, 2, « Du repentir »

● Lorsqu'on pense à l'humanisme, on a en tête le célèbre dessin de **Léonard de Vinci** nommé « **Les proportions de l'être humain selon Vitruve** ». Cette œuvre est l'illustration d'un traité de Vitruve, grand architecte de l'Antiquité, qui affirme qu'un bâtiment doit, pour atteindre la perfection, être proportionné comme le corps humain. À son exemple, les humanistes tissent des liens étroits entre le corps et la nature, les quatre éléments ou les signes zodiacaux. **L'homme est un microcosme qui porte en lui l'image de l'univers**.

● **Les évolutions de la médecine** et la pratique des **autopsies**, encore interdites par l'Église, accentuent ce phénomène. On découvre le fonctionnement merveilleux des organes, qui s'oppose à l'idée moyenâgeuse d'un corps sale. Les écrivains humanistes, contre l'obscurantisme religieux, parlent beaucoup du corps et de ses fonctions.

> **Le saviez-vous ?**
> La phrase célèbre « **Le rire est le propre de l'homme** » a été écrite par Rabelais dans l'adresse « Aux lecteurs » de *Gargantua*, en 1534.

→ L'importance donnée à l'éducation

● L'éducation devient primordiale pour les humanistes. **Les écoles et universités se multiplient**. Le XVIe siècle voit naître les **premiers traités de pédagogie**, qui s'intéressent à la manière dont il faut éduquer les enfants et à de nouvelles techniques d'apprentissage. Des auteurs s'insurgent contre les châtiments corporels très fréquents à l'époque.

• Montaigne écrit ainsi : « À un enfant de maison qui recherche les lettres [...], ayant plutôt envie d'en tirer un habile homme qu'un homme savant, je voudrais aussi qu'on fût soigneux de lui choisir un conducteur qui eût plutôt la tête bien faite que bien pleine ». Il insiste sur **le comportement du professeur**, qui ne doit pas hurler aux oreilles de ses élèves et leur demander de répéter ses paroles sans les comprendre, mais qui doit, au contraire, « [écouter] son disciple parler à son tour » (*Essais*, I, 26).

Le saviez-vous ?

Les disciplines enseignées à cette époque sont, sur le modèle antique, réparties en deux grands ensembles : les **arts libéraux** composés du *trivium* (grammaire, dialectique, rhétorique) et du *quadrivium* (arithmétique, musique, géométrie, astronomie), et les **arts mécaniques**.

→ L'essor de la langue française

• De grandes luttes se font, au début du XVIe siècle, pour favoriser la langue française. Guillaume de Budé et François Ier en sont les acteurs les plus importants, au côté de Joachim Du Bellay qui écrit son ouvrage *Défense et Illustration de la langue française*.

• Cet essor du français semble paradoxal, au regard de l'importance donnée au latin et au grec ! Mais il faut noter que si Montaigne parle le latin, **il écrit cependant en français**. C'est un vrai choix ; **il souhaite pouvoir être lu**, même s'il le nuance dans les *Essais* (III, 9) : « J'écris mon livre pour peu d'hommes et pour peu d'années. Si cela avait été une matière destinée à durer, il aurait fallu la confier à une langue plus stable. »

→ Le déclin de l'humanisme : les désillusions

• Les **guerres de religion** prennent de plus en plus d'importance, depuis l'affaire des Placards jusqu'à la Saint-Barthélemy, en 1572. Les *Essais*, à travers une comparaison entre la découverte du Nouveau Monde et les guerres civiles européennes, en montrent l'horreur, la barbarie inouïe.

Citations à retenir

« Le langage que j'aime, c'est un langage simple et naturel, tel sur le papier qu'à la bouche. »

I, 26, « De l'institution des enfants »

« Je voudrais premièrement bien savoir ma langue. »

I, 26, « De l'institution des enfants »

Le saviez-vous ?

En 1539, l'**ordonnance de Villers-Cotterêts** édictée par le roi François Ier consacre le français langue officielle du droit et de l'administration.

- La pensée philosophique évolue alors de l'optimisme (comme chez Rabelais) au **scepticisme*** dont Montaigne est l'un des meilleurs exemples. Il faut noter que Montaigne naît en 1533 et commence à écrire en 1572, autrement dit à la fin du siècle, au moment du déclin de l'humanisme. **L'heure est alors au refus des certitudes absolues** : l'homme est finalement trop faible, trop instable pour en avoir. La sagesse réside dans le doute, la suspension du jugement. C'est le début du mouvement baroque.

Citation à retenir

« Le monde n'est qu'une branloire pérenne. »

III, 2, « Du repentir »

Quiz

1. **Quelle amitié a été essentielle dans la vie de Montaigne ?**
2. **Dans quelle ville a-t-il passé la majeure partie de sa vie ?**
3. **Quelles découvertes ont changé le monde au XVIe siècle ?**
4. **Quelle place l'humanisme a-t-il donné à l'éducation ?**

L'œuvre et le parcours associé

L'ŒUVRE *Essais*

LE PARCOURS ASSOCIÉ Notre monde vient d'en trouver un autre

L'ŒUVRE

1 Pour entrer dans l'étude

A Les *Essais*, ou l'invention d'un genre

→ Qu'est-ce qu'un « essai* » ?

• Le mot « essai » vient du latin *exagium*, « balance, pesée sur un instrument de mesure ». Métaphoriquement, il s'agit de prendre la mesure de sa propre existence. C'est d'ailleurs le sens plus étendu que le terme prend au XVe siècle : « épreuve », « expérience ». **L'essai est donc une tentative de se jauger soi-même, en essayant de se raconter**.

• **L'essai est pour Montaigne une écriture de l'expérience** : son ouvrage est à lire comme une expérimentation de lui-même et de sa pensée, les deux se faisant au fur et à mesure de l'écriture. Le fait même d'écrire permet ces analyses : il ne s'agit pas de coucher sur le papier une idée préconçue, mais de la faire naître en l'écrivant – quitte à y revenir plus tard, pour la confirmer ou l'infirmer.

• Cette manière de concevoir l'écriture n'est pas entièrement nouvelle (comme toujours, Montaigne s'inspire d'auteurs antiques qu'il admire, comme Sénèque ou Cicéron), elle témoigne cependant d'une **évolution de la littérature**. L'écriture libre de l'*Essai* est le corollaire de la **liberté de pensée revendiquée par les humanistes**.

Le saviez-vous ?

On appelle « **repentir** », en peinture, une partie du tableau que le peintre a dissimulée en la recouvrant d'une nouvelle couche de peinture.

→ Une œuvre « à sauts et à gambades »

• Montaigne décrit lui-même la manière dont il construit son œuvre. Ainsi le chapitre « Du repentir » étudie-t-il la façon dont l'auteur revient sur ce qu'il a écrit les années précédentes. Il faut bien avoir à l'esprit que toutes les éditions des *Essais* ont sans cesse été reprises par leur auteur :

jusqu'à la dernière édition en 1588, Montaigne reprend les premières pages écrites en 1570 ! **La pensée se transforme continuellement, au fil de l'évolution de l'écrivain.**

Citation à retenir

« Je ne peins pas l'être, je peins le passage ; non un passage d'âge en autre, ou, comme le dit le peuple, de sept en sept ans, mais de jour en jour, de minute en minute. Il faut accommoder mon histoire à l'heure. »

III, 2, « Du repentir »

Citation à retenir

« Je n'ai pas plus fait mon livre que mon livre m'a fait. »

II, 18, « Du démentir »

• Il n'y a aucun système figé dans l'organisation des *Essais*. **Chaque chapitre est un petit essai dont le titre semble en indiquer le thème** : « De la vanité », « De la physionomie », « Des coches », « Des cannibales ». Il débute en général par une anecdote, à partir de laquelle la pensée de Montaigne se déroule, sans jamais s'interdire des digressions. Il est parfois même difficile de faire le lien entre le titre annoncé et le sujet réel de la réflexion finale : c'est le cas du chapitre « Des coches », nous le verrons.

→ Subjectivité* et universalité

Citation à retenir

« Ainsi, lecteur, je suis moi-même le sujet de mon livre » est la première phrase des *Essais*, dans l'adresse de Montaigne « Au lecteur ».

• Si la forme des *Essais* n'est pas celle d'une autobiographie, **l'un des buts de l'auteur est cependant de se peindre**, de la manière la plus simple et la plus honnête possible. Ainsi, loin de ne se pencher que sur son esprit, ses pensées, Montaigne parle beaucoup de son corps, de ses goûts, de sa maladie, de nourriture aussi. Pour lui, l'esprit et le corps sont d'une « jointe et fraternelle correspondance » (II, 13).

• Pourtant, au-delà de ce portrait intime, il faut lire une peinture plus universelle : celle de tous les hommes. Montaigne l'écrit : « chaque homme porte en lui la forme de l'humaine condition » (III, 2, « Du repentir »). Les nombreuses anecdotes sur lui-même ou sur d'autres hommes débouchent sur des réflexions qui concernent l'ensemble de l'humanité. Les *Essais*, dans un mouvement constant du particulier au général, décrivent **l'homme universel** en s'interrogeant sur tous les aspects du XVIe siècle.

Le saviez-vous ?

Térence, dramaturge latin du Ier siècle avant J.-C., a écrit « Je suis un homme, et rien de ce qui m'est humain ne m'est étranger. »

- L'auteur évoque peu les guerres de religion, alors qu'il entreprend son œuvre au moment où les guerres civiles opposant catholiques et protestants se déchaînent en France. Il les aborde néanmoins à travers le récit de ses voyages ou de l'exercice de son métier de magistrat. Il s'insurge **contre la torture**, il réfléchit, notamment dans les chapitres au programme, aux **leçons à retenir après la découverte des peuples du Nouveau Monde**, il défend **la liberté, l'humanité, l'égalité entre les hommes**.

→ La force d'une argumentation

- Loin d'être autocentrée, l'œuvre de Montaigne n'a en réalité de sens que si elle est confrontée au lecteur : il s'agit bien d'une **œuvre argumentative**. Pas au sens où il souhaite asséner au lecteur un avis tranché, une doxa, mais au sens où **il propose au lecteur de construire lui-même sa propre pensée au regard de la sienne**. C'est comme si deux dialogues se superposaient sans cesse : le dialogue de l'auteur avec lui-même, et le dialogue du lecteur avec la pensée de l'auteur.

- Mis face à un être humain simple et honnête, qui présente en toute humilité la subjectivité* de sa pensée, le lecteur est ainsi séduit, attiré, parfois choqué. Il se reconnaît en l'auteur, peut ainsi adhérer aux idées de l'écrivain, et surtout, par le biais de cette lecture active, **penser par lui-même** puis, à son tour, se construire.

B Les *Essais* dans l'histoire littéraire

→ Édition et premières réceptions de l'œuvre

Les grands auteurs du début du XVIIe siècle ne tarissent pas d'éloges à propos des *Essais* dont ils aiment l'humilité, la modestie et la tolérance en des temps fort troublés par les excès terribles des guerres de religion. Mais, **vers le milieu du XVIIe siècle, les critiques deviennent plus acerbes**. En cause, une accusation de tiédeur de l'auteur face à la religion catholique, que les jansénistes ne peuvent accepter. Ainsi, Pascal se montre virulent contre les *Essais*, assez paradoxalement car ses *Pensées* doivent beaucoup à Montaigne, et Malebranche, pourtant hostile aux jansénistes, déclare qu'il est « dangereux » de lire les *Essais* en ce qu'ils encouragent les faiblesses des passions humaines.

→ Des critiques à la postérité

- **Les philosophes du XVIIIe siècle réhabilitent rapidement cette œuvre** qui correspond en de nombreux points aux luttes du siècle et à **la promotion d'une liberté individuelle de réflexion**. Voltaire loue la peinture de l'âme humaine, universelle, que fait Montaigne. Il est amusant de constater que, parmi les auteurs de ce siècle, Jean-Jacques Rousseau est l'un des seuls à critiquer Montaigne : son projet dans *Les Confessions* est sensiblement le même, et, alors qu'il a pour objectif de dire toute la vérité sur lui-même, il reproche à Montaigne de n'avoir pas été totalement sincère !
- C'est finalement **à partir du XIXe siècle que les *Essais* sont considérés comme un des « classiques » de la littérature française**, un chef-d'œuvre à l'intemporalité constamment louée par les critiques et les théoriciens de la littérature. À chaque époque on a ainsi trouvé dans les *Essais* des thèmes, des formes, des pensées qui correspondaient à celles du temps, et sans doute est-ce là la grande force de cette œuvre.

Le saviez-vous ?

Pour son portrait officiel, réalisé par la photographe Gisèle Freund, le président de la République **François Mitterrand** a choisi de poser avec un tome des *Essais* ouvert sur ses genoux.

C Parcours associé : Notre monde vient d'en trouver un autre

→ Quel sens donner au titre du parcours associé ?

- Ce titre est extrait du chapitre « Des coches ». Cette phrase devenue célèbre annonce la découverte de ce que l'on appelle alors « le Nouveau Monde ». Elle résume de manière à la fois simple et complexe toutes **les remises en question qu'a suscitées, au XVIe siècle, la découverte du continent américain.**
- Montaigne oppose, dans cette phrase, « notre monde » et « un autre ». Le possessif « notre », le choix du mot « monde » pour désigner ce qui, il le sait alors, n'est en réalité qu'une petite partie du monde justement, fait référence à ce qu'on nomme l'**ethnocentrisme*. À ce monde européen que nous disons nôtre, s'oppose ainsi le Nouveau Monde, forcément « autre », car totalement étranger.**
- Il faut, pour le comprendre, imaginer l'immense bouleversement créé par ces découvertes ! La rencontre avec des peuples nouveaux est vertigineuse : **leurs manières de vivre viennent interroger les nôtres** et nous remettre en question.

Le saviez-vous ?

L'ethnocentrisme est la manière dont l'être humain juge plus important ce qui se passe dans sa propre société, dans son pays, que ce qui lui semble étranger car en dehors de sa culture.

Tout est examiné : le politique, le religieux, et même la notion d'humanité. Le fait qu'on ait pu, à l'époque, nier le statut d'être humain aux amérindiens dit bien toute la difficulté à penser l'homme à la suite de la découverte de mondes nouveaux.

➜ Questions, problématiques possibles autour du parcours

● Deux chapitres, sur les cent sept qui composent les trois livres des *Essais*, sont au cœur de ce parcours littéraire et culturel. Le premier, « Des cannibales », fait suite à un voyage de Montaigne à Rouen où il rencontre quelques-uns de ces « sauvages » ramenés en France par les explorateurs. Il provient, entre autre, d'**une longue discussion de Montaigne avec l'un d'entre eux**. Le second, « Des coches », plus complexe dans sa construction, **s'interroge sur le relativisme de nos mœurs**. Ces deux chapitres posent une question essentielle : **qui est véritablement le sauvage** ? **L'autre que moi, ou bien moi-même** ?

● L'intitulé de ce parcours, et les deux chapitres des *Essais* étudiés, permettent de se poser les questions suivantes :

- ➜ **Qu'est-ce que ce « Nouveau Monde » ? Comment le définir, le décrire, le penser ?**
- ➜ **Que change cette découverte dans la manière de concevoir les coutumes, la religion, la politique ?**
- ➜ **Dès lors, comment penser l'homme au sein de ces deux mondes, l'ancien et le nouveau ?**

Le saviez-vous ?

L'expression « **Nouveau Nonde** » fut utilisée dès le XVIe siècle, à partir du moment où l'on comprend que les terres abordées ne sont pas celles de l'Inde, mais bien celles d'un nouveau continent. Cette expression regroupait alors deux continents, l'Amérique et l'Océanie.

Quiz

1. **Qu'est-ce qui fait la singularité littéraire des *Essais* de Montaigne ?**
2. **Comment cette œuvre permet-elle au lecteur de réfléchir sur lui-même ?**
3. **Quelles interrogations sont nées de la découverte du « Nouveau Monde » ?**

2 Résumés

A « Des cannibales », livre I, chapitre 31

RÉSUMÉ SYNTHÉTIQUE

Pour juger de la nature des choses, il ne faut pas s'arrêter à une opinion, mais faire preuve de raison. En étudiant la tribu des Tupinambas, Montaigne explique la relativité de la barbarie : nous qualifions de sauvages les pratiques qui sont simplement différentes des nôtres. Pour le démontrer, il décrit très précisément tous les usages des Tupinambas : ils sont purs, non corrompus par la civilisation, proches de l'état de nature, et témoignent de grandes valeurs humaines. Montaigne se penche sur ce qui a tant choqué à l'époque : leur pratique du cannibalisme. En l'étudiant finement, il en dévoile l'aspect rituel et symbolique. Cette anthropophagie* n'est pratiquée que sur les prisonniers et participe d'un besoin de vengeance. Elle n'est pas accompagnée de tortures, contrairement aux usages des Portugais. Montaigne affine alors sa théorie initiale : le concept de barbarie est relatif et sans doute les Européens sont-ils bien plus « barbares » que les Tupinambas. En conclusion, Montaigne donne la parole aux trois Tupinambas rencontrés à Rouen : leur étonnement devant notre roi enfant et les inégalités flagrantes entre les hommes prouvent, une dernière fois, leur humanité. La conclusion est d'une ironie* mordante : ils restent des sauvages, puisqu'ils ne portent pas de « hauts-de-chausses », symboles de la civilisation.

Le saviez-vous ?

Les **Tupinambas** sont les membres d'une tribu installée dans la baie de Guanabara, au Brésil. Ils sont présentés au roi Charles IX et à Montaigne en 1562, à Rouen. C'est une tribu « anthropophage » : qui pratique le cannibalisme*.

Le saviez-vous ?

Trois rencontres sont à l'origine de ce chapitre : certains membres de la tribu des Tupinambas ; un français qui a séjourné plusieurs années dans cette baie brésilienne et que Montaigne emploie comme secrétaire ; enfin, plus littérairement, divers récits de voyages et notamment celui de Jean de Léry.

Quiz

1. **De quelle tribu est-il question ? Où vit-elle ?**
2. **Quelle est la principale thèse de Montaigne dans ce chapitre ?**

→ Introduction (§ 1)

Le chapitre commence sur une anecdote : Pyrrhus, pensant découvrir une armée barbare, s'aperçoit qu'elle ne l'est pas. La conclusion de Montaigne est qu'il faut faire preuve de raison pour juger des choses que l'on ne connaît pas.

→ La description de mondes nouveaux (§ 2 à 5)

- Montaigne commence par présenter son secrétaire qui a vécu dans ces terres brésiliennes. Il évoque l'importance de cette découverte, qu'il compare à la mythique île Atlantide* racontée par Platon. Il démontre qu'il ne s'agit pas de la même terre, à l'aide de deux arguments géographiques. S'ensuit une courte remarque sur la manière dont la terre et les fleuves changent, à l'image du corps humain.
- Après l'Atlantide figure une deuxième comparaison avec une découverte antique, cette fois chez Aristote. Mais Montaigne dit qu'encore une fois, il n'y a aucun rapport avec la découverte du Brésil.
- Retournant à son secrétaire, Montaigne explique que son témoignage « simple et grossier » est supérieur à ceux de gens plus instruits qui « glosent » au lieu de raconter précisément les choses. Conclusion générale : « Je voudrais que chacun écrivît ce qu'il sait. »

→ La relativité du concept de barbarie

- Montaigne « revient à son propos ». Il n'a rien trouvé de barbare ou sauvage à ces peuples dont on lui a parlé. Il conclut que la barbarie représente simplement ce qui n'est pas dans l'usage de celui qui la nomme ainsi, chacun jugeant comme parfaits son pays ou sa religion. Il fait l'éloge de la nature, supérieure à l'homme et à l'art. Ainsi ces tribus, peu transformées, ont conservé la vérité de leur nature : elles sont encore commandées par « les lois naturelles ».

- Débute alors la longue étude des mœurs des Tupinambas, que l'on peut assimiler à un âge d'or. Tout est chez eux remarquable : pas de maladie, grande espérance de vie, grandeur des bâtiments, force des outils, frugalité extrême, valeurs pures, hygiène, foi.

- Montaigne fait le récit d'un acte d'anthropophagie* rituelle : les Tupinambas mangent leurs ennemis. Il justifie cette pratique parce qu'elle a un sens symbolique fort et ne sert pas à nourrir. Les Portugais colonisateurs qui torturent leurs ennemis sont plus sauvages : « il y a plus de barbarie à manger un homme vivant qu'à le manger mort ».

- Les paragraphes suivants développent cette thèse selon laquelle nous sommes plus barbares qu'eux. Montaigne met en valeur l'absence de tout matérialisme chez cette tribu qui sait se contenter de ce qu'elle a. Leur valeur se voit autant dans leur conception très sage de la guerre, dans la grandeur d'âme et la vaillance des vainqueurs comme des vaincus, que dans leur pratique de la polygamie. Elle prouve en effet la bienveillance et l'amitié des femmes, que Montaigne oppose à la jalousie de celles de son monde.

→ Le récit de la rencontre avec les sauvages

- On demande aux sauvages ce qu'ils pensent de nos villes. Montaigne ne se souvient malheureusement que de deux réponses sur les trois. La première est leur étonnement face aux gardes suisses qui protègent « un enfant ». La seconde est leur incompréhension des injustices de notre monde : alors que certains se pavanent dans de grandes richesses, d'autres miséreux meurent de faim sans se rebeller.

- L'un d'entre eux étant « capitaine », Montaigne lui demande ce que cela signifie pour lui : il prouve sa valeur en disant qu'il est fier d'être le premier à marcher à la guerre, et que, en dehors des temps de combats, il est content que ses sujets lui permettent de traverser aisément leurs villages.

→ Conclusion

Elle est aussi brève que sarcastique : finalement, tout serait louable chez ces hommes. Mais comment les considérer comme tels, puisqu'ils ne portent pas de hauts-de-chausses ?

B « Des coches », livre III, chapitre 6

Le saviez-vous ?

Ce chapitre prend racine sur de nombreuses lectures de Montaigne, dont l'*Histoire générale des Indes*, de Francisco Lopez de Gomara. Ce texte, accablant pour les colons dont il rapporte toute l'ignominie, décrit les ravages commis par les Européens et la grandeur de ces civilisations.

RÉSUMÉ SYNTHÉTIQUE

L'homme a tendance à énumérer plusieurs causes quand il ne sait pas, s'en remettant ainsi au hasard. Montaigne illustre cette théorie par deux exemples : pourquoi bénit-on les éternuements, et pourquoi l'homme a-t-il le mal de mer ? Il arrive ainsi à une considération plus générale sur la peur : elle tient autant à une erreur de jugement qu'à un manque de courage. Revenant au mal de mer, Montaigne évoque sa détestation des moyens de transport autres que le cheval, et notamment des coches, puis il compare leur emploi à la guerre à celui, souvent extraordinaire, qu'en font les rois. Du constat que ces derniers aiment à se faire valoir naît une réflexion développée sur la libéralité* des rois, que Montaigne condamne, avant une dissertation sur la vanité des connaissances et du progrès des hommes, que justifie la découverte d'un nouveau monde. La deuxième partie du chapitre décrit et commente la colonisation* du Nouveau Monde. Après en avoir montré la grandeur, Montaigne en regrette la défaite et dénonce les horreurs de la colonisation. De nombreux exemples prouvent la barbarie injustifiable des Espagnols, qui n'aura servi à rien : les biens ont été perdus et aucune leçon n'a été tirée de ces agissements. La conclusion revient aux coches, comme pour reprendre le titre du chapitre, en décrivant une dernière fois la grandeur des Péruviens qui portent, jusqu'à leur anéantissement total, leur roi sur leurs épaules.

Quiz

1. **De quel ouvrage Montaigne s'inspire-t-il majoritairement pour cette histoire de la colonisation ?**
2. **Quels sont les trois thèmes principaux développés dans ce chapitre ?**

RÉSUMÉ DÉTAILLÉ ET STRUCTURE ARGUMENTATIVE

→ Introduction sur la recherche des causes (§ 1 à 5)

• L'homme a tendance à énumérer plusieurs causes quand il ne sait pas, s'en remettant ainsi au hasard. Deux exemples sont développés, et principalement la cause du mal de mer. L'auteur affirme que la peur est la conséquence d'une erreur de jugement autant que d'un manque de courage.

• Montaigne explique sa détestation des moyens de transport autres que le cheval (et notamment des coches). S'ensuit alors une digression sur les différents modes d'emploi des coches : à la guerre et pour les déplacements des rois.

→ Réflexion politique : sur la libéralité des rois (§ 7 à 14)

• Les rois ont toujours cherché à montrer visuellement leur puissance avec des dépenses excessives. Le peuple ressent ces manifestations comme une insulte. De plus, la libéralité* des rois n'a aucun sens : ce n'est pas leur argent propre qu'ils dépensent, mais celui de l'État. Une générosité abusive aliène les gens et fragilise le tyran en instaurant un cercle vicieux dont il ne peut plus sortir.

• Montaigne prend l'exemple des jeux du cirque : ce ne sont pas eux qui attachent le peuple à son souverain, mais les vertus de ce dernier. Il décrit alors la magnificence de ces jeux.

• L'imagination de leurs créateurs semble bien plus fertile que la nôtre. Cela signifie que l'être humain ne progresse pas, et il en est de même pour notre savoir. L'auteur dépeint la vanité de nos connaissances : notre monde a vieilli, notre civilisation est en pleine décadence.

→ La colonisation du Nouveau Monde (§ 16 à 27)

A. Défaite et corruption du Nouveau Monde (§ 16 à 18)

• Par une métaphore* filée, Montaigne décrit le Nouveau Monde comme un nouveau-né face à notre monde qui est proche de la mort. Mais ce jeune enfant, nous l'avons déjà corrompu. Une acerbe critique de la colonisation* prend place, à travers l'éloge de ces civilisations.

• Montaigne explique la défaite du Nouveau Monde qui est due à notre supériorité numérique et technique. Sans elle, il aurait dû vaincre grâce à sa supériorité morale.

B. Les crimes atroces de la colonisation (§ 19 à 23)

• Contrairement à nous, les princes de l'Antiquité auraient su tirer des bénéfices incomparables de cette découverte : « Mécaniques[1] victoires ! », s'écrit Montaigne.

• Plusieurs exemples illustrent la grandeur des civilisations du Nouveau Monde face aux bassesses des Espagnols, notamment la mise à mort des rois du Pérou et de Mexico.

• L'argument de la conversion religieuse ne permet pas de justifier ces exactions, et d'ailleurs Dieu a fait en sorte que les colons ne puissent pas bénéficier de leurs crimes.

C. L'inutilité et la vanité de ces crimes (§ 24 à 27)

• Les richesses ramenées par les colons n'ont pas été profitables. Aucun investissement intéressant n'a été fait et nous n'avons pas tiré de leçon.

• Montaigne décrit alors les croyances des Mexicains, qui se pensaient arrivés dans la cinquième et dernière phase de leur civilisation.

• Il en revient enfin à la grandeur de la civilisation mexicaine, dans l'éloge d'une ingéniosité incroyable déployée pour construire routes et bâtiments sur une terre ingrate.

→ Conclusion (§ 28)

« Pour revenir à nos chars », annonce Montaigne, fermant le chapitre sur une structure en boucle : il n'y avait pas de chars dans ces civilisations, mais des porteurs. Le chapitre est clos sur le dévouement des porteurs du roi du Pérou.

1. Misérables.

Quiz

1. **Comment pouvez-vous justifier le titre du chapitre ?**
2. **Démontrez la barbarie des colonisateurs.**
3. **Quels éléments prouvant la grandeur de ce Nouveau Monde pouvez-vous citer ?**

3 Les thèmes de l'œuvre

A L'éloge de l'état de nature

→ Les mots pour désigner l'autre

• Le chapitre « Des cannibales » s'ouvre sur une remarque du roi Pyrrhus qui s'attend à découvrir des « barbares ». Montaigne précise que « les grecs appelaient ainsi toutes les nations étrangères ». L'étymologie du mot est une onomatopée : par le son *bar-bar*, les grecs désignent un langage qu'ils ne comprennent pas et donc, par métonymie, les peuples qui le parlent. Le barbare est donc à l'origine celui qui n'a pas de langage articulé, qui n'est pas civilisé.

• Le terme « sauvage », quant à lui, vient du latin *silvaticus*, qui désigne « ce qui vient de la forêt ». Comme les barbares, les sauvages sont des hommes qui ne vivent pas dans les villes, qui ne sont donc pas « civilisés ».

• Ce dernier adjectif, issu du latin *civis*, « le citoyen, l'habitant de la cité », s'oppose donc directement aux deux mots précédents. L'être civilisé est celui qui est sorti de son état primitif par une évolution technique et matérielle, ainsi que par le développement de valeurs qui lui permettent de vivre en société.

→ Nature et civilisation

• En jouant sur l'adjectif « sauvage », Montaigne s'interroge sur la supériorité de la nature par rapport à la civilisation. L'exemple des fruits lui sert d'argument : puisque nous appelons « sauvages » les fruits produits par la nature, supérieurs, en goût et en qualités nutritionnelles, aux fruits cultivés, alors c'est avec ce même sens, et non de manière péjorative, qu'il faudrait nommer les Indiens « sauvages ». En effet, la nature dépassant toujours les inventions et artifices humains, les Indiens nous sont forcément supérieurs, car plus proches de la nature et non corrompus par la civilisation.

• Pour Montaigne, les Tupinambas sont des hommes purs. Dans le paragraphe 8 du chapitre « Des cannibales », l'auteur dresse une longue liste de tout ce qu'ils ne connaissent pas : les lettres, les sciences, l'oisiveté, les vêtements, l'agriculture. De l'absence de ces sciences qui décrivent nos civilisations découle l'absence de tout vice, ce qui en fait un peuple encore plus proche de la façon dont Dieu a créé l'homme.

Citation à retenir

« Ce n'est pas raison que l'art gagne le point d'honneur sur notre grande et puissante mère nature. »

I, 31, « Des cannibales »

→ L'éloge de l'âge d'or

• Le chapitre « Des cannibales » construit une description élogieuse de l'âge d'or, autrement dit, d'une période mythique où l'être humain, en harmonie avec la nature, ne connaissait pas le sens de la propriété, n'avait donc aucune raison de mentir, de se battre, de trahir, puisqu'il se contentait de ce que la nature lui offrait.

• Dans le chapitre « Des coches », Montaigne revient sur ce point en développant davantage l'autre conséquence : qu'avons-nous apporté à ces peuples naturels ? La corruption, en toute chose. La longue métaphore* du Nouveau Monde comme un nouveau-né est une critique acerbe de toutes les exactions des colons. Ces conquêtes ne sont pas la preuve de notre supériorité : sans nos honteux abus, les peuples du Nouveau Monde nous auraient vaincus.

Citation à retenir

« Nous nous sommes servis de leur ignorance et inexpérience à les plier plus facilement vers la trahison, luxure, avarice. »

III, 6, « Des coches »

Quiz

1. **Que vous disent les étymologies des mots « barbare » et « sauvage » ?**
2. **Pourquoi l'état de nature est-il, selon Montaigne, supérieur à la civilisation ?**

B Du cannibalisme au relativisme de la sauvagerie

→ Comprendre l'anthropophagie*

- Le titre « Des cannibales » est assez paradoxal : cette coutume des Tupinambas est finalement peu évoquée par Montaigne. Il fait ainsi comprendre de manière implicite que cette caractéristique qui, pour les Européens, justifie tous les crimes commis, n'est en réalité qu'accessoire. Montaigne explique rapidement que cette coutume consiste à manger les prisonniers de guerre, puis il démontre qu'elle n'a rien de barbare.

- Il ne s'agit pas de se nourrir, mais d'exercer une vengeance. Le cannibalisme* est symbolique : il témoigne d'une réflexion et non de la satisfaction d'un besoin. Montaigne compare cette pratique avec celle des Portugais, qui, pour se venger, font subir à leurs ennemis des souffrances bien plus terribles. Il explique enfin que le fait d'être mangés est souhaité par les prisonniers eux-mêmes, car cela fait partie de leur propre vengeance : puisqu'ils ont mangé, lors d'autres guerres, les pères de leurs vainqueurs, ils les forcent à manger leurs ancêtres à travers eux !

→ Une condamnation de la torture

- Alors que, finalement, peu de passages de ces deux chapitres sont consacrés au cannibalisme, nombreuses sont les descriptions des crimes des colons. Dans le chapitre « Des coches », après avoir dressé une longue liste de toutes les vertus des peuples du Nouveau Monde, Montaigne déplore notre victoire fondée uniquement sur une trahison, un jeu de dupe, et marquée par « toute sorte d'inhumanité et de cruauté ».

- Trois exemples très détaillés servent son argumentation. La mort du roi du Pérou montre l'absolue cruauté des Espagnols : accusé à tort d'avoir dissimulé de l'argent, il est étranglé, pendu, et baptisé – avant, mensonge suprême, d'être honoré par « des somptueuses funérailles ». Le roi de Mexico subit pire sort encore : soumis à la torture du brasier pour lui faire avouer la cachette de son or supposé, il assiste

Le saviez-vous ?

Le terme *cariba* ou *caniba* désigne, dans le journal de bord de Christophe Colomb, les peuples anthropophages des Antilles. « Cannibale » a donc la même racine étymologique que « Caraïbes » !

Citations à retenir

« Ils le rôtissent et en mangent en commun. »

I, 31, « Des cannibales »

« Je pense qu'il y a plus de barbarie à manger un homme vivant qu'à le manger mort. »

I, 31, « Des cannibales »

Citations à retenir

« Jamais l'ambition, jamais les inimitiés publiques ne poussèrent les hommes les uns contre les autres à si horribles hostilités et calamités si misérables. »

III, 6, « Des coches »

« Chacun appelle barbarie ce qui n'est pas de son usage. »

I, 31, « Des cannibales »

au supplice de l'un de ses seigneurs, est emporté « à demi rôti », puis finalement pendu. Le dernier exemple est celui de la mort de quatre cent soixante hommes brûlés vifs, d'un seul coup, sur un même bûcher.

→ La relativité de la barbarie

• Tous ces exemples démontrent la relativité* de la notion de barbarie. N'est barbare, selon Montaigne, que celui qui n'a pas les mêmes coutumes que nous : l'autre, l'étranger. Mais il va plus loin : nous sommes, et de loin, bien plus sauvages que ces grandes civilisations du Nouveau Monde. Les colons, mus par le seul appât d'un gain parfois dérisoire, ont commis des crimes et tortures bien plus atroces que cette anthropophagie* qui, finalement, ne peut en rien suffire à les déclarer barbares et donc inférieurs. Dans ce chapitre, Montaigne emploie d'ailleurs à plusieurs reprises le mot « barbare » pour désigner les Espagnols, démontrant fermement que le sauvage n'est pas celui que l'on croit.

Quiz

1. **Pour quelle raison les Tupinambas pratiquent-ils l'anthropophagie ?**
2. **Pourquoi les colons sont-ils plus cruels qu'eux ?**

C Une réflexion politique

La comparaison entre notre civilisation et celles qui nous ont précédés permet également à Montaigne de s'interroger, dans le chapitre « Des coches » particulièrement, sur des notions plus politiques.

→ La critique des dépenses royales

• La première partie du chapitre consiste en une critique de la manière dont les rois dépensent leurs richesses. Les monarques veulent « se faire valoir et paraître par dépenses excessives ». Montaigne souligne la vanité de cette attitude (au sens latin de *vanitas*, « ce qui est vain, inutile ») : pour que l'Histoire se souvienne d'eux, il leur faut construire des bâtiments utiles à tous, et non se parer !

• À cette vanité s'ajoute un problème plus politique : l'argent dépensé par ces rois n'est pas le leur, c'est celui du peuple. Quel sens y a-t-il à dépenser autant pour se faire voir du peuple au lieu de lui donner à manger ? Et Montaigne va plus loin, en affirmant que même des dépenses plus généreuses ne sont pas justifiées, en ce qu'elles aliènent le peuple et finissent par affaiblir le pouvoir du roi ou du tyran.

• C'est dans ce sens qu'il faut comprendre, à la fin du chapitre « Des coches », la description de la route péruvienne qui relie Quito à Cusco. En montrant toute l'ingéniosité de ses inventeurs, qui ont eu à lutter contre un paysage compliqué et un manque de moyens techniques, Montaigne loue les choix faits par cette civilisation. Cette route est grandiose parce qu'elle est utile à tous, à l'image du Pont-Neuf de Paris qu'il regrette de ne pas voir achevé.

➔ Les devoirs d'un roi

• Le peuple est donc au cœur de ces remarques politiques. Montaigne le montre à la fin du chapitre « Des cannibales » lorsqu'il rapporte les propos des Tupinambas : pour eux, le peuple est si essentiel qu'ils ne comprennent pas l'injustice de nos civilisations où des hommes sont miséreux tandis que d'autres vivent dans l'opulence.

• On peut ainsi relier les questions politiques aux descriptions des peuples du Nouveau Monde. Montaigne montre la grandeur, la vaillance des chefs de tribus. Ainsi, il loue chez le roi du Pérou son « caractère franc, libéral, ferme, d'un esprit juste et étendu » ; le roi de Mexico est, lui, « un roi si grand par ses mérites et sa situation », un « prince magnanime ». Ces comparaisons permettent à Montaigne de tracer, au fil de ces deux chapitres, un portrait du bon roi. Il l'affirme dans « Des coches » : la principale qualité d'un roi doit être la justice, et donc la considération de son peuple.

Citation à retenir

« Quant à la pompe et magnificence par où je suis entré en ce propos, ni Grèce, ni Rome, ni Égypte ne peuvent, soit en utilité, ou difficulté, ou noblesse, comparer aucun de leurs ouvrages au chemin qui se voit au Pérou, dressé par les rois du pays, depuis la ville de Quito jusqu'à celle de Cuzco. »

III, 6, « Des coches »

Citation à retenir

« La vertu royale semble consister le plus en la justice. »

III, 6, « Des coches »

Quiz

1. **Pourquoi la libéralité d'un roi n'est-elle pas une bonne chose ?**
2. **Quelles sont les vertus essentielles d'un roi selon Montaigne ?**

D Comment parvenir à la connaissance ?

Citation à retenir

« Je voudrais que chacun écrivît ce qu'il sait, et autant qu'il en sait. »

I, 31,
« Des cannibales »

→ L'éloge de la simplicité

• Dans « Des cannibales », Montaigne explique pourquoi le témoignage de son secrétaire, un homme « simple et grossier », autrement dit d'une intelligence assez rustique, est plus précieux que ceux des autres cosmographes*. Alors que des savants modifient leurs récits pour impressionner leur auditoire ou donner leurs interprétations, son secrétaire lui fait le récit exact et précis de ce qu'il a vu chez les Tupinambas.

• Pour Montaigne, l'humilité est essentielle pour parvenir au savoir : il faut ne parler que de ce que l'on connaît, sans succomber à la tentation d'imaginer, au risque de mentir. C'est la même qualité qui ouvre le chapitre « Des coches ». Montaigne y critique les grands auteurs qui, à des causes véritables, joignent d'autres causes possibles simplement parce qu'elles sont élégantes. Le savoir doit donc être fondé sur la raison, l'exactitude, et non le vain désir de se mettre en valeur.

→ L'innutrition humaniste

• Montaigne fait une large part aux auteurs dont il s'est nourri, en mentionnant de très nombreux auteurs antiques : Virgile, Horace, Sénèque, Lucrèce, Plutarque, etc. Ses *Essais* tissent un dialogue très serré entre ces grands penseurs et ses réflexions personnelles.

• Il faut passer par la pensée d'autrui pour construire sa propre pensée. L'autre, indispensable à la vie, est aussi nécessaire à la construction d'un savoir. C'est valable pour les auteurs, mais également pour les grands hommes de l'Antiquité, dont la vie même constitue une source de références essentielles. Dans « Des coches », Montaigne conseille aux rois de son époque de regarder la vie de Cyrus le Grand, empereur de Perse, pour comprendre comment distribuer efficacement leur argent.

Le saviez-vous ?

Du latin *nutrire* qui signifie « nourrir », l'« **innutrition** » désigne la manière dont un écrivain s'imprègne de ses lectures et les réinvestit, souvent inconsciemment, dans ses propres œuvres.

➜ Comparer pour comprendre

• Montaigne met sans cesse en relation les mœurs, les époques, en juxtaposant des exemples précis. Il compare le traitement des prisonniers par les Tupinambas à celui des Portugais, les conquêtes espagnoles à celles du roi Léonidas, la polygamie des tribus du Nouveau Monde à celle de Jacob dans la Bible, etc. C'est ainsi qu'il peut démontrer la relativité de la barbarie : le cumul des exemples produit un autre regard afin de comprendre qu'être différent, ce n'est pas être inférieur.

• Pour atteindre la vérité, il faut passer par le distinguo. Cette opération logique consiste à énoncer une distinction dans une argumentation. Chaque exemple apporte une image spécifique de l'homme. La variété infinie permet, finalement, de s'approcher de sa vérité. Ces listes d'exemples ne sont pas clôturées par des interprétations définitives : contre une interprétation personnelle qui empêche la pensée et la discussion, Montaigne prône plutôt une suspension du jugement.

➜ La vanité du savoir

• L'auteur entreprend l'écriture des *Essais* à la fin du XVIe siècle, au moment où les guerres de religions font basculer l'optimisme de l'humanisme dans un doute permanent sur les capacités humaines. Cette suspension du jugement est à comprendre au regard du contexte de l'époque : Montaigne est un penseur du doute.

• Montaigne regrette la vanité du savoir. L'extraordinaire imagination des concepteurs des jeux dans l'Antiquité lui semble, en effet, preuve que le progrès n'est pas une caractéristique de l'être humain. Pour lui, il en va de même de nos connaissances.

Citation à retenir

« Nous n'allons point, nous rôdons plutôt, et tournoyons çà et là. Nous nous promenons sur nos pas. Je crains que notre connaissance soit faible en tous sens, nous ne voyons ni guère loin, ni guère arrière. »

III, 6, « Des coches »

Quiz

1. **Quelles sont les qualités d'un témoignage selon Montaigne ?**
2. **À quoi servent tous les exemples, toutes les citations présentes dans les *Essais* ?**

LE PARCOURS

THÈME 1 Penser le Nouveau Monde : les récits de voyage

A Situer le thème dans le parcours

→ De la découverte à la nécessité de la représentation

• Les grands voyages maritimes des XVe et XVIe siècles embarquent souvent des **cosmographes*** chargés de la description scientifique des terres abordées. Ils produisent des récits qu'ils accompagnent souvent de cartes géographiques.

• À leurs études descriptives s'ajoutent les récits des autres participants de l'expédition, qui s'improvisent parfois écrivains. C'est le cas de Jean de Léry qui écrit *L'Histoire d'un voyage fait en la terre du Brésil* à la demande de ses amis, après son retour en France.

→ Le récit de voyage

• Tous ces ouvrages témoignent du développement du récit de voyage, un genre littéraire qui existe depuis longtemps : dès l'Antiquité, des auteurs racontent et décrivent la vie dans des contrées étrangères. **Ce genre prospère au XVIe siècle**, avec l'importance de la découverte du Nouveau Monde.

• Le récit de voyage, genre hybride, est à la frontière entre **la description scientifique d'un pays** et **un récit qui peut être fictif** et subjectif. Il s'agit, en effet, de rendre fascinant pour les lecteurs ce monde nouveau, quitte à déborder un peu du réel. La maîtrise de la description, qui doit être la plus réaliste possible, est essentielle.

→ Les évolutions du genre

- À partir du XVIIe siècle, le genre évolue : les grands voyages deviennent plus faciles, moins dangereux, et la matière se renouvelle. **Les voyages imaginaires commencent à supplanter les vrais voyages.** L'auteur Xavier de Maistre écrit un *Voyage autour de ma chambre*, et, au siècle suivant, Jonathan Swift imagine *Les Voyages de Gulliver*.
- Réels ou fantaisistes, ces récits de voyages convergent vers le même but : **une réflexion sur les mondes décrits** et sur celui de l'auteur qui l'examine à l'aune de cette comparaison.

→ Le récit de voyage au fil des siècles

- **La description des barbares** dans *Histoires,* d'Hérodote (Ve siècle avant J.-C.)
- **La description des Indiens Tupinambas** dans *Histoire d'un voyage fait en la terre du Brésil*, de Jean de Léry (1578)
- **L'exotisme d'un récit de voyage romantique** dans *Itinéraire de Paris à Jérusalem,* de François-René de Chateaubriand (1811)
- **Le récit de voyages au Brésil et au Moyen-Orient** dans *Tristes Tropiques*, de Claude Lévi-Strauss (1955)

B Des exemples pour la dissertation

▶ Hérodote, *Histoires*, Ve siècle avant J.-C.

Chacun des livres de ce long ouvrage porte le nom d'une des neuf muses de l'Antiquité. Hérodote, grand historien grec, y raconte les guerres médiques qui ont opposé les Grecs et les Perses, en mélangeant un travail précis d'historien et des descriptions ethnographes. La forme assez libre de l'ouvrage ressemble à celle des *Essais* de Montaigne : les digressions y sont nombreuses car, pour mieux faire comprendre à son public tous les enjeux de ces guerres, Hérodote prend le temps de décrire les coutumes perses. Mais ce qui le rapproche le plus des *Essais* est sa tentative d'expliquer la relativité des coutumes.

Citations à retenir

« Les Égyptiens appellent barbares tous ceux qui ne parlent pas leur langue. »

« Si l'on proposait en effet à tous les hommes de faire un choix parmi les meilleures lois qui s'observent dans les divers pays, il est certain que [...] chacun se déterminerait pour celles de sa patrie. »

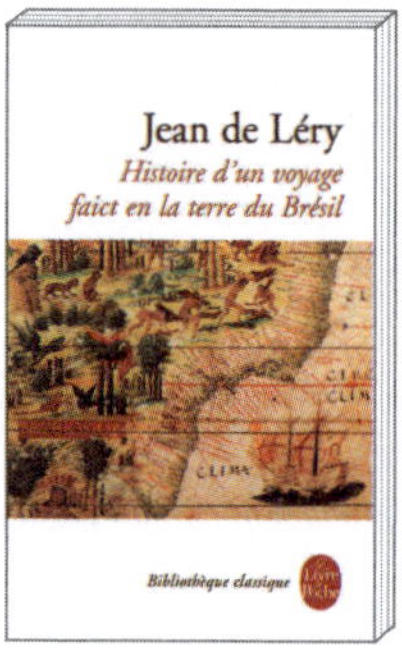

▶ Jean de Léry, *Histoire d'un voyage fait en la terre du Brésil*, 1578

Jean de Léry part en 1556 rejoindre une colonie protestante au Brésil, le fort Coligny dirigé par l'amiral Villegagnon. Son œuvre fait le récit de son séjour qui a duré presque un an. Il y raconte les mœurs des Indiens Tupinambas, dont il étudie tous les aspects avec un regard d'ethnographe. Dans les remaniements ultérieurs de son manuscrit, Jean de Léry critique très violemment la manière dont les colons, et surtout Villegagnon, ont mené cette expédition. Au cours de ces mois sur la terre du Brésil, l'auteur développe une réelle sympathie pour ces « sauvages », et, comme Montaigne, il réfléchit grâce à eux au regard porté sur l'autre.

Citations à retenir

« En condamnant [ces sauvages] si sévèrement, de ce que sans nulle vergogne ils vont ainsi le corps entièrement découvert, [...] en nos bombances, superfluités et excès en habits, nous ne sommes guères plus louables. »

« Machiavel et ses disciples [...] sont de vrais imitateurs de ces cruautés barbaresques : car puisque, contre la doctrine chrétienne, ces athéistes enseignent et pratiquent aussi, que les nouveaux services ne doivent jamais faire oublier les vieilles injures. »

▶ François-René de Chateaubriand, *Itinéraire de Paris à Jérusalem*, 1811

Le voyage entrepris par Chateaubriand en 1806 a pour objectif, à l'origine, la description de paysages en vue de l'écriture des *Martyrs*. Il dure finalement 105 jours : l'écrivain romantique visite l'Italie, la Grèce, la Turquie ou encore l'Égypte. Son récit de voyage mêle une peinture pittoresque des villes visitées aux réflexions personnelles, politiques et esthétiques, suscitées par ces découvertes.

Citations à retenir

« J'ai vu les sauvages du Nouveau Monde indifférents à mes manières étrangères, mais seulement attentifs comme les Turcs à mes armes et à ma religion, c'est-à-dire aux deux choses qui protègent l'homme dans ses rapports de l'âme et du corps. »

« Que dirait-on d'un homme qui, parcourant la Grèce et l'Italie, ne s'occuperait qu'à contredire Homère et Virgile ? Voilà pourtant comme on voyage aujourd'hui : effet sensible de notre amour-propre, qui veut nous faire passer pour habiles en nous rendant dédaigneux. »

▶ Claude Lévi-Strauss, *Tristes Tropiques*, 1955

En 1934, on propose à Claude Lévi-Strauss, professeur de philosophie, de rejoindre l'université de São Paulo pour y enseigner la sociologie. Il organise, avec sa femme, de nombreuses expéditions dans le Mato Grosso et en Amazonie, qui leur servent à étudier autant les cultures indigènes que les traces des civilisations indiennes disparues. *Tristes Tropiques*, publié en 1955, est le récit de ses rencontres avec les Indiens du Brésil. Lévi-Strauss utilise les données ethnographiques qu'il a recueillies pour comparer leur civilisation avec celle du monde européen, en démontrant le relativisme* des peuples. Il y cite Montaigne, dont il confirme les propos tenus dans « Des cannibales » !

Citations à retenir

« Je hais les voyages et les explorateurs. »

« Des sociétés, qui nous paraissent féroces à certains égards, savent être humaines et bienveillantes quand on les envisage sous un autre aspect. »

THÈME 2 Penser un monde imaginaire : utopies et dystopies

A Situer le thème dans le parcours

➜ L'utopie

- Le genre littéraire de l'utopie naît au XVIe siècle : à l'époque des premiers récits de voyages vers le « Nouveau Monde », on invente **le récit de voyage imaginaire**. Dans son essai* *Utopia*, qui donne son nom au genre, Thomas More situe même l'île imaginaire Utopia quelque part aux confins du « Nouveau Monde ». Il y a donc un lien étroit entre la découverte de l'Amérique et l'invention de l'utopie.

- Pour fictif qu'il soit, le voyage en utopie reste fortement lié au monde réel, puisqu'il s'agit, par le détour d'un pays parfaitement heureux, d'imaginer la manière dont le nôtre pourrait s'améliorer. **L'utopie explore ainsi tous les aspects de nos civilisations** : organisation politique, système éducatif, rapports humains... Sur le principe de Montaigne qui affirme que « chacun appelle barbarie ce qui n'est pas de son usage », l'utopie, en proposant un monde inversé, démontre la relativité de nos valeurs.

➜ La dystopie

- Étymologiquement, le terme « dystopie » désigne un mauvais lieu, néfaste, ou connoté négativement. La dystopie provient de l'utopie dont elle montre les conséquences funestes : ces mondes en apparence merveilleux sont en réalité inquiétants, souvent insulaires et uniformes. Le récit dystopique consiste alors dans **l'invention d'un monde irréel, qui concentre toutes les dérives inquiétantes de nos civilisations.**

- Plus encore que l'utopie, la dystopie propose **un discours politique**. Il s'agit souvent, et notamment à partir du XIXe siècle, de montrer un État omnipotent et, face à lui, deux groupes de citoyens : les soumis, qui obéissent aveuglément, et ceux qui tentent de s'opposer à cet état de fait.

➜ Un regard éloigné pour revenir à soi

Ces voyages imaginaires fonctionnent donc sur le principe de Montaigne : notre monde en découvre bien un autre, totalement fictif. Mais ce déplacement permet en réalité de redécouvrir notre propre monde, que l'on voit alors *autrement*.

- **L'œuvre qui a donné son nom au genre** : *L'Utopie*, de Thomas More (1516)
- **La description de l'Eldorado, paradis terrestre** dans *Candide*, de Voltaire (1759)
- **L'indépassable dystopie** de George Orwell : *1984* (1949)
- **Une dystopie moderne** inspirée des plus illustres représentantes du genre : *La Servante écarlate*, de Margaret Atwood (1985)

B Des exemples pour la dissertation

▶ Thomas More, *L'Utopie*, 1516

Thomas More est l'un des plus grands érudits londoniens de son époque. Avocat et professeur de droit, il a une carrière brillante dans le gouvernement du Royaume-Uni, mais une fin tragique : accusé de trahison, il est exécuté à 57 ans. Son œuvre *Utopia* se compose de deux parties : la première est un essai* qui critique la politique tudorienne, la deuxième décrit l'île d'Utopie. Contrepoint de l'Angleterre, cette île, où l'argent n'existe pas, repose sur une vie proche de la nature et une morale rigoureuse.

Citations à retenir

« Les Utopiens ont la guerre en abomination, comme une chose brutalement animale, et que l'homme néanmoins commet plus fréquemment qu'aucune espèce de bête féroce. »

« Le seul moyen d'organiser le bonheur public est l'application du principe de l'égalité. »

▸ Voltaire, *Candide*, 1759

Entre exils nombreux et honneurs royaux, François-Marie Arouet, dit Voltaire, a consacré sa vie entière au combat philosophique pour la justice. Son conte philosophique *Candide* est publié anonymement en 1759, à Genève. Le héros éponyme y fait l'apprentissage souvent douloureux de la vie et de ses injustices au fil de voyages qui l'emmènent, entre autres, au pays de l'Eldorado. Dans ce royaume utopique d'une incroyable richesse règnent le bonheur, la bonté, la justice et l'humilité.

Citations à retenir

« Il faut que les enfants des rois de ce pays soient bien élevés, puisqu'on leur apprend à mépriser l'or et les pierreries. »

« – Quoi ! Vous n'avez pas de moines qui enseignent, qui disputent, qui gouvernent, qui cabalent, et qui font brûler les gens qui ne sont pas de leur avis ?
– Il faudrait que nous fussions fous, dit le vieillard ; nous sommes tous ici du même avis. »

« Quel est donc ce pays, disaient-ils l'un et l'autre, inconnu à tout le reste de la terre, et où toute la nature est d'une espèce si différente de la nôtre ? C'est probablement le pays où tout va bien ; car il faut absolument qu'il y en ait un de cette espèce. »

▸ George Orwell, *1984*, 1949

George Orwell est écrivain et journaliste. Dans *1984*, il brosse le portrait d'un monde totalitaire aux principes issus du stalinisme et du nazisme. Son héros, Winston Smith, employé du régime, va se découvrir homme libre par amour, avant de sombrer, à cause de la torture, dans une admiration sans limite pour ce régime. La fascination qu'exerce ce roman est liée au fait que l'on peut trouver l'œuvre prémonitoire. Contrairement à l'image qui en est souvent retenue, le moyen de contrôle le plus important pour Orwell n'est pas la surveillance, mais la manipulation des esprits par le langage.

Citations à retenir

« La guerre, c'est la paix.
La liberté, c'est l'esclavage.
L'ignorance, c'est la force. »

« – Comment puis-je m'empêcher de voir ce qui est devant mes yeux ? Deux et deux font quatre.
– Parfois, Winston. Parfois ils font cinq. Parfois ils font trois. Parfois ils font tout à la fois. Il faut essayer plus fort. Il n'est pas facile de devenir sensé. »

▶ Margaret Atwood, *La Servante écarlate*, 1985

Publié en 1985, *La Servante écarlate* est l'un des romans les plus connus de l'écrivaine canadienne Margaret Atwood, dans une œuvre riche de plus de cinquante ouvrages. Il se présente sous les traits d'une dystopie classique, une série d'événements permettant la mise en place d'une société totalitaire. Margaret Atwood met au centre de l'œuvre une critique de la société patriarcale. Les femmes y sont triées. À côté des épouses respectables survivent les inférieures : fertiles, elles assurent la reproduction des membres de la haute société ; infertiles, elles sont condamnées aux travaux forcés.

Citations à retenir

« Pareilles chansons ne sont plus chantées en public, surtout celles qui emploient des mots comme “libérer”. Elles sont jugées trop dangereuses. »

« Maintenant elles sont protégées, elles peuvent accomplir leur destin biologique en paix. »

« Il voulait que je joue au Scrabble avec lui et que je l'embrasse comme pour de vrai. C'est l'une des choses les plus bizarres qui me soient arrivées, de tous temps. »

THÈME 3 Le « mythe du bon sauvage »

A Situer le thème dans le parcours

→ La naissance du genre

- La fiction du bon sauvage se développe à la suite du succès des récits de voyages au XVIe siècle. L'appellation « mythe du bon sauvage » correspond à la représentation idéalisée qui se fait alors du « sauvage », autrement dit de l'indigène qui peuple les nouvelles contrées découvertes. Alors que certains récits de voyage peignent ce sauvage d'une manière péjorative, à l'image de ce que Montaigne rapporte dans ses *Essais*, les auteurs du XVIIIe siècle le représentent totalement différemment.

- Ce sauvage est en effet « bon », parce qu'il n'est pas corrompu par la civilisation, source de tous les maux. Le navigateur Amerigo Vespucci écrit d'eux, dans sa lettre *Mundus Novus*, en 1503 : « Ils vivent selon la nature ». À une époque où la vie urbaine se généralise, où les révolutions industrielles modifient profondément la société, où le débat philosophique est hissé au rang suprême, **la pensée d'un être vivant en harmonie avec la nature vient renouveler les discours sur l'homme et la société**.

→ L'opposition homme naturel/homme civilisé

- Le « bon sauvage » cristallise donc **le discours qui oppose l'homme naturel et l'homme civilisé**. Face aux corruptions de la civilisation et aux méfaits d'une pédagogie contestable, le « bon sauvage » porte en lui toutes les vertus originelles de l'être humain. Sa proximité avec la nature, son bon sens, son ignorance du mal lui permettent un accès au bonheur que l'homme civilisé ne peut trouver. Il n'est pas corrompu par l'appât du gain, puisqu'il trouve tout ce dont il a besoin dans la terre nourricière et que la notion de propriété lui est inconnue.

- Le philosophe **Voltaire** reprend ce mythe dont Rousseau s'est emparé, mais en l'infléchissant dans une autre direction. Il ne s'agit pas, pour Voltaire, de faire de la civilisation la source de tous les maux, mais de louer les qualités innées de l'être humain tout en prouvant que l'éducation permet de sublimer ces qualités. La civilisation modèle l'homme, elle perfectionne la nature, elle l'enrichit.

→ Le regard étranger

Ce mythe littéraire crée une nouvelle manière d'examiner notre société. Parce que le « bon sauvage » ne connaît rien à nos usages, il les voit d'une manière différente qui en éclaire les absurdités, les contradictions, et bien souvent l'hypocrisie.

- **Le regard d'un Huron** dans le conte philosophique *L'Ingénu*, de Voltaire (1767)
- **Un célèbre roman épistolaire :** *Lettres Persanes*, de Montesquieu (1721)
- **L'état de nature étudié d'un point de vue philosophique** dans le *Discours sur l'origine et les fondements de l'inégalité parmi les hommes*, de Jean-Jacques Rousseau (1755)
- **La confrontation du regard de Robinson et de celui de Vendredi** dans *Vendredi ou Les Limbes du Pacifique*, de Michel Tournier (1967)

B Des exemples pour la dissertation

▶ Voltaire, *L'Ingénu*, 1767

Dans cet autre conte philosophique de Voltaire, le héros est un huron (membre d'une tribu canadienne), qui, débarqué en Basse-Bretagne, intègre la société française. Son regard ingénu posé sur les dogmes de la religion catholique, les coutumes, l'organisation sociale ou encore la politique permet d'en dresser une critique acerbe. L'Ingénu rencontre, en prison, le sage Gordon qui lui enseigne toutes les disciplines de manière éclairée. Cette formation le transforme. Voltaire montre ainsi que la civilisation doit aider l'homme à se perfectionner.

Citations à retenir

« L'Ingénu avait une mémoire excellente. [...] Sa conception était d'autant plus vive et plus nette que, son enfance n'ayant point été chargée des inutilités et des sottises qui accablent la nôtre, les choses entraient dans sa cervelle sans nuage. »

« La lecture agrandit l'âme, et un ami éclairé la console. [...] Je serais tenté, dit-il, de croire aux métamorphoses, car j'ai été changé de brute en homme. »

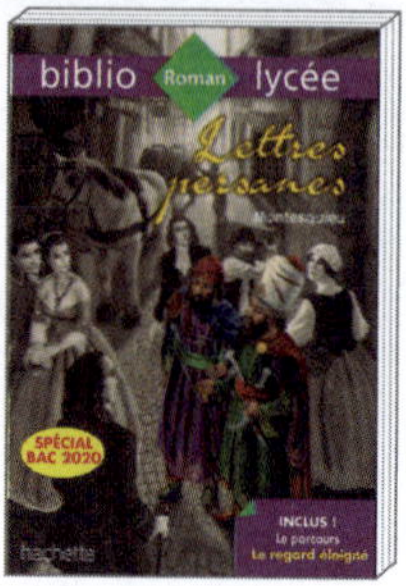

▶ Montesquieu, *Lettres persanes*, 1721

Charles-Louis de Secondat de la Brède, dit Montesquieu, a été, comme Montaigne, conseiller au parlement de Bordeaux. Jeune homme très fortuné, il abandonne sa charge et se consacre aux voyages et à l'écriture. L'œuvre de ce grand penseur, notamment en politique, est essentielle au siècle des Lumières. Les *Lettres persanes*, roman épistolaire, raconte le séjour à Paris de deux riches persans, Usbek et Rica. Leur regard porté sur les coutumes, la religion, la mode ou encore le gouvernement en ridiculise les excès et les paradoxes.

Citations à retenir

« Ah ! Ah ! Monsieur est persan ? C'est une chose bien extraordinaire ! Comment peut-on être persan ? »

« Il y a, en France, trois sortes d'État : l'Église, l'épée et la robe. Chacun a un mépris souverain pour les deux autres. »

« Le roi de France est vieux. […] Il a un ministre qui n'a que dix-huit ans, et une maîtresse qui en a quatre-vingt ; il aime sa religion, et il ne peut souffrir ceux qui disent qu'il la faut observer à la rigueur. »

▶ Jean-Jacques Rousseau, *Discours sur l'origine et les fondements de l'inégalité parmi les hommes*, 1755

Jean-Jacques Rousseau est un penseur fondamental du XVIIIe siècle, dont les théories pédagogiques et politiques ont nourri les combats des Lumières. Si la fiction du « bon sauvage » est souvent rattachée à ses œuvres, le philosophe n'a jamais employé cette expression. Pour lui, l'état de nature est l'état le meilleur de l'homme. La société, fondée sur la notion de propriété, est la cause de l'inégalité entre les hommes et de leur corruption. Voltaire s'oppose totalement à cette théorie dans une lettre restée célèbre : « On n'a jamais employé tant d'esprit à vouloir nous rendre bêtes. Il prend envie de marcher à quatre pattes quand on lit votre ouvrage. »

Citations à retenir

« Tant que les hommes se contentèrent de leurs cabanes rustiques, tant qu'ils se bornèrent à coudre leurs habits de peaux avec des épines ou des arêtes [...], ils vécurent libres, sains, bons et heureux autant qu'ils pouvaient l'être. »

« L'inégalité, étant presque nulle dans l'état de nature, tire sa force et son accroissement du développement de nos facultés et des progrès de l'esprit humain. »

▶ Michel Tournier, *Vendredi ou Les Limbes du Pacifique*, 1967

Réécriture de *Robinson Crusoé* de Daniel Defoe, *Vendredi ou Les Limbes du Pacifique* est une interrogation sur l'humanité, la civilisation et le rapport à la nature. Michel Tournier se concentre sur la rencontre de Robinson, caricature d'homme civilisé, avec l'autochtone Vendredi, figure mythifiée du bon sauvage rousseauiste. Il interroge la nécessité de la rencontre avec soi pour pouvoir rencontrer l'autre. Le héros est obligé de déconstruire, pan après pan, ce qu'il a toujours cru être de sa nature profonde d'être humain, pour découvrir ce qui le constitue en tant qu'individu unique.

Citations à retenir

« C'était le premier être vivant que Robinson avait rencontré sur l'île. Il l'avait tué. »

« Mais ma condition est pire encore, car je me vois dans mon unique compagnon sous les espèces d'un monstre, comme dans un miroir déformant. »

« Rien de plus dangereux que l'agacement quand on doit vivre seul avec quelqu'un. »

THÈME 4 La littérature d'idées : du « je » à l'universel

A Situer le thème dans le parcours

→ L'essai et la subjectivité

• La répétition du déterminant possessif « notre » dans le titre du parcours associé (« Notre monde vient d'en trouver un autre ») dit l'importance, dans la littérature d'idée, du point de vue subjectif*. L'essai* a, en effet, une ambition différente du traité : il s'agit de donner, sur un thème précis, un éclairage subjectif et donc forcément partiel.

• Le locuteur est ainsi au centre de son œuvre, tout en étant sans cesse tourné vers le lecteur. L'argumentation de l'essai est implicite* : l'auteur, en cherchant à affiner sans cesse sa pensée et à exposer sa vérité, **dialogue avec lui-même et avec son lecteur**. Ce dernier, en suivant tous les méandres d'une pensée mise en scène pour lui, fait alors l'expérience du doute, de l'incertitude. Il peut ainsi, à l'aide du locuteur, construire sa propre réflexion.

→ Le dialogue avec soi-même

• Au XVIIe siècle, l'essai tombe en disgrâce : le mathématicien et penseur Blaise Pascal l'affirme, « le moi est haïssable ». À l'exposé d'une subjectivité totale, on préfère alors **le traité**, plus scientifique et exhaustif, et **le dialogue**. Ce genre argumentatif hérité de l'Antiquité repose sur un jeu de questions/réponses qui permettent de faire advenir la vérité ; c'est ce que l'on nomme la « maïeutique* » : l'accouchement métaphorique du sens.

• Le dialogue accompagne la pensée philosophique du XVIIIe siècle ; le *Supplément au voyage de Bougainville* de Diderot en renouvelle l'approche en faisant intervenir deux personnages, A et B, tandis que Jean-Jacques Rousseau écrit *Rousseau juge de Jean-Jacques* ! On voit ici la proximité de ce genre avec les *Essais* de Montaigne : le locuteur, dialoguant avec lui-même, fait du lecteur la tierce partie de cet échange argumentatif.

→ Le « je », porteur de l'humaine condition

La littérature d'idée est inséparable du « je », qui propose sa propre vision du monde. Mais les auteurs de ces formes argumentatives insistent tous sur un point : leur parole est celle de tous les hommes, parce que le « je » porte en lui « l'humaine condition ». Pour subjective qu'elle soit, elle repose sur l'idée d'une universalité de l'être humain.

→ Dialogues et essais au fil des siècles : la littérature d'idée à la première personne

- **Un dialogue philosophique** dont s'est nourri Montaigne : *La République*, de Platon (376 avant J.-C.)
- **Un essai pour comprendre l'origine de la servitude** : *Discours de la servitude volontaire*, d'Étienne de La Boétie (1576)
- **Un essai d'un autre genre, les « Propos »** : *Propos sur le bonheur*, d'Alain (1925)
- **Un discours fondateur** : « I have a dream », de Martin Luther King Jr. (1963)
- **Un essai féministe contemporain** : *King Kong théorie*, de Virginie Despentes (2006)

B Des exemples pour la dissertation

▶ Platon, *La République*, 376 avant J.-C.

Uniquement composée de dialogues, cette œuvre majeure du grand philosophe athénien classique se rapproche de l'essai par son but qui est de démontrer la pensée de l'auteur. Platon expose sa vision d'un monde fondé sur un idéal de justice, et dans lequel la sagesse philosophique serait l'alpha et l'oméga du gouvernement des hommes. *La République*, tant par la forme du dialogue entre Socrate et ses disciplies, que par les thèmes abordés (éducation, place du philosophe dans la cité, etc.) aura une résonance forte sur les textes des Lumières et sur les utopistes politiques comme Fourier, par exemple.

Citations à retenir

« À moins que, dis-je, les philosophes n'arrivent à régner dans les cités […], il n'y aura pas, mon ami Glaucon, de terme aux maux des cités ni, il me semble, à ceux du genre humain. »

« La nature n'a pas fait chacun de nous semblable à chacun, mais différent d'aptitudes, et propre à telle ou telle fonction. »

▶ Étienne de la Boétie, *Discours de la servitude volontaire*, 1576

C'est vers l'âge de dix-huit ans (seize selon Montaigne) qu'Étienne de La Boétie, ami intime de Montaigne, a écrit ce *Discours de la servitude volontaire*. Ce très court texte est son œuvre principale car il meurt à seulement 32 ans. La Boétie étudie dans ce *Discours* les rapports qui unissent maîtres et esclaves, en renouvelant totalement la question de la servitude. Il démontre, en effet, que le tyran ne peut exercer son pouvoir absolu sur le peuple que si ce dernier accepte de s'y soumettre, grâce à l'utilisation de la superstition, de la religion, ou encore de la flatterie.

Citations à retenir

« Soyez résolus de ne servir plus, et vous voilà libres. »

« Quand je pense à ces gens qui flattent le tyran pour exploiter sa tyrannie et la servitude du peuple, je suis presque aussi souvent ébahi de leur méchanceté qu'apitoyé de leur sottise. »

▶ Alain, *Propos sur le bonheur*, 1925

Émile-Auguste Chartier, dit Alain, est un professeur de philosophie qui a enseigné dans les plus grands lycées de France. À la suite de son engagement militaire dans la Première Guerre mondiale, il publie de très nombreux écrits anti-fascistes et construit un genre qui correspond à sa pensée, les « Propos ». Il s'agit de recueils de courts articles publiés dans la presse. Ses *Propos sur le bonheur* interrogent le lecteur sur sa capacité à être heureux en lui-même, et non en fonction d'événements extérieurs. Cet art du bonheur est fondé sur l'action et un optimisme résolu.

Citations à retenir

« Je tiens qu'un des secrets du bonheur, c'est d'être indifférent à sa propre humeur. »

« Quelle chose merveilleuse serait la société des hommes, si chacun mettait du bois au feu au lieu de pleurnicher sur des cendres ! »

« Le bonheur n'est pas quelque chose que l'on poursuit, mais quelque chose que l'on a. Hors de cette possession, il n'est qu'un mot. »

▸ Martin Luther King Jr., « I have a dream », 1963

Le Pasteur Martin Luther King est un grand militant du mouvement pour les droits civiques des Noirs américains. Il consacre sa vie à la lutte contre la ségrégation aux États-Unis, notamment en soutenant Rosa Park en 1955 et en organisant la marche sur Washington pour l'emploi et la liberté, en 1963. C'est à cette occasion qu'il prononce son célèbre discours « I have a dream », qui revendique l'égalité de droits civiques et économiques entre les Blancs et les Afro-américains. Il obtient le prix Nobel de la paix l'année suivante, et meurt assassiné en 1968.

Citations à retenir

« Cent ans plus tard, le Noir n'est toujours pas libre. Cent ans plus tard, la vie du Noir est encore terriblement handicapée par les menottes de la ségrégation et les chaînes de la discrimination. »

« Nous ne pourrons être satisfaits aussi longtemps que nos enfants, même devenus grands, ne seront pas traités en adultes et verront leur dignité bafouée par les panneaux "Réservé aux Blancs". »

« Je rêve que mes quatre petits-enfants vivront un jour dans une nation où ils ne seront pas jugés sur la couleur de leur peau, mais sur la valeur de leur caractère. »

▶ Virginie Despentes, *King Kong théorie*, 2006

Virginie Despentes commence sa carrière d'écrivaine en 1994, avec le roman *Baise-moi* qui lui permet d'accéder immédiatement à la notoriété. Elle travaille sur les questions du genre et de sa déconstruction. Son essai *King Kong théorie* fait la synthèse des thèmes abordés dans ses romans, tout en jetant les bases d'un féminisme moderne. À rebours de l'essai tel qu'entendu par les humanistes, avec leur vision d'un monde construit autour d'une humanité jamais vue dans sa dualité hommes-femmes, Virginie Despentes jette les bases d'un XXIe siècle enfin égalitaire.

Citations à retenir

« J'écris de chez les moches, pour les moches […] toutes les exclues du grand marché à la bonne meuf. Et je commence par là pour que les choses soient claires : je ne m'excuse de rien, je ne viens pas me plaindre. »

« Vouloir être un homme ? Je suis mieux que ça. […] J'ai tout ce qu'il me faut en agressivité et en courage. »

Méthode

Objectif BAC

Apprendre et réviser

La dissertation

L'oral

Apprendre et réviser

1 Les types de mémoire

Testez-vous pour connaître votre type de mémoire

Vous mémorisez mieux :

a. Les récits des cours d'histoire ou de français.
b. Les schémas de géographie, les formules de maths.
c. Votre propre prise de notes.

Votre astuce pour mémoriser vos cours :

a. Vous relisez votre cours à voix haute, comme si vous le récitiez à quelqu'un.
b. Vous relisez vos notes et vos fiches.
c. Vous demandez à quelqu'un de vous interroger.

Votre attitude au travail :

a. Facilement déconcentré.e par les bruits autour de vous.
b. Très concentré.e sur les cours et les exercices à faire, dans votre « bulle ».
c. En mouvement, vous relisez vos cours en marchant.

Votre entourage de travail :

a. Un parent, un ami, quelqu'un qui vous aide et vous motive.
b. Uniquement les cours, rien qui vous déconcentre.
c. Un peu de musique ou la télévision allumée en fond sonore.

Les types de mémoire

- Chacun a une mémoire qui tend à être plus **visuelle** (retenir ce qu'on voit), **auditive** (retenir ce qu'on entend) ou **kinesthésique** (retenir ce qu'on ressent).
- Ces trois types de mémoire ne sont pas exhaustifs, ni exclusifs : on possède au moins un type de mémoire principal et un type secondaire.

Ce qui vous gêne en classe :

a. Les professeurs qui expliquent mal, ou que l'on entend mal. Impossible pour vous de vous concentrer et de retenir le cours.
b. Être loin du tableau, ou les professeurs qui n'écrivent rien au tableau : vous avez besoin de lire pour comprendre.
c. Devoir rester assis.e toute la journée, ne pas pouvoir être dans une position plus confortable pour l'écoute et la concentration.

Résultats du test

→ **Vous avez une majorité de a :**
vous avez une mémoire auditive

• Vous retenez mieux ce que l'on vous raconte que ce que vous lisez. Vous avez besoin de vous entendre redire les cours pour mieux vous en souvenir, de relire vos fiches à voix haute, de répéter.

→ **Vous avez une majorité de b :**
vous avez une mémoire visuelle

• Vous retenez mieux ce que vous lisez, les schémas, votre prise de notes, les mots-clés écrits au tableau ou sur vos fiches. Vous avez besoin d'organiser vos cours et vos fiches de manière aérée, visuelle : titres, sous-titres, mots soulignés, surlignés… Cela vous aide à comprendre les idées et à les retenir.

→ **Vous avez une majorité de c :**
vous avez une mémoire kinesthésique

• Vous avez besoin de vous approprier les notions par tout le corps ! Vous devez bouger, entendre, voir pour bien retenir les choses. Vous pouvez apprendre en faisant les cent pas, en jouant avec votre stylo, en mettant vos cours en chansons…

Pour vous, la compréhension et l'apprentissage s'effectuent principalement :

en écoutant le cours
▼
mémoire auditive

en relisant le cours
▼
mémoire visuelle

en bougeant, en marchant, en manipulant
▼
mémoire kinesthésique

2 Astuces pour mieux apprendre

A Tenir compte de son type de mémoire

Mémoire visuelle

- Pour apprendre, faites des dessins, des schémas, et associez des images à la notion que vous êtes en train de réviser ; vous pouvez par exemple utiliser des cartes heuristiques (cartes mentales) pour vos révisions (voir p. 53).
- Réécrivez les parties du cours qui vous paraissent importantes, et rendez vos fiches de cours agréables à regarder, claires et précises. Surlignez, allez à la ligne régulièrement, faites des listes à puces… bref, rendez vos cours « visuels » !

Mémoire auditive

- Soyez très attentif.ve en cours car c'est là que vous apprendrez la plus grande partie de vos leçons.
- N'hésitez pas à réviser vos cours avec un.e camarade, ou un adulte, à discuter des notions, à vous faire poser des questions à l'oral.
- Récitez votre cours à voix haute pour en faciliter la mémorisation.

Mémoire kinesthésique

- Essayez de faire des liens entre ce que vous apprenez et vos propres expériences.
- Apprenez en marchant, en bougeant les bras. Ne restez pas statique.
- Valorisez en particulier le sens du toucher. Lorsque vous révisez, vous pouvez manipuler des objets (gomme, crayon, balle anti-stress…) et lorsque vous reprendrez à nouveau ces objets, les notions de cours vous reviendront en tête.

Astuces kinesthésiques

- Manipulez vos livres, vos manuels, utilisez des post-it…
- Faites des fiches comportant les éléments essentiels, découpez-les, et réorganisez-les de manière à construire une progression logique dans le cours.
- Fabriquez des jeux : jeu des 7 familles pour les mouvements littéraires, pour les thèmes de l'œuvre par exemple.
- Favorisez les flash-cards (voir p. 52).

B Faire des fiches

Ne retenir que l'essentiel

• Une bonne fiche de révision est celle qui vous propose l'essentiel de votre cours. Vous devez donc distinguer une notion précise que vous devez retenir, ou des éléments pertinents (des dates, des définitions, une liste d'auteurs et de leurs œuvres...).

Pour être efficace, retenez cette formule :

> une fiche de révision = un sujet

• Lorsque vous construisez vos fiches de révision, il est souvent plus intéressant d'envisager une autre structure que celle du cours pour que la lecture du cours et la révision des fiches soient complémentaires.

Construire une fiche de révision

Le plus important dans une fiche de révision est sa clarté. Vous devez immédiatement comprendre de quoi il s'agit, et le retenir facilement ! Votre fiche doit compiler des notions essentielles et vous permettre de vous les remémorer rapidement. Pour cela :

• numérotez vos fiches et notez le titre de la fiche de manière claire et colorée, une couleur par rubrique et par niveau de titres ;

• dans le corps de la fiche, évitez de rédiger des phrases complètes, voire des paragraphes entiers. Soyez le plus synthétique possible, utilisez les listes à tirets, à points ou à numéros.

Des exemples de titres de fiche

Fiche 1 / Histoire littéraire / Montaigne et les *Essais*
Fiche 2 / Histoire littéraire / L'humanisme
Fiche 3 / L'œuvre / « Des cannibales » : résumé synthétique et citations essentielles
Fiche 4 / L'œuvre / « Des coches » : résumé synthétique et citations essentielles
Fiche 5 / Thèmes de l'œuvre / Sauvages et barbarie
Fiche 6 / Thèmes de l'œuvre / La réflexion politique
Fiche 7 / Thèmes de l'œuvre / L'accès à la connaissance

Avantage des flash-cards

- Faciles à transporter, vous pouvez réviser **quand** et **où** vous voulez.
- Vous pouvez **réviser à plusieurs** (mélangez les cartes de chacun et tentez de répondre aux questions de tous…).
- Vous pouvez vous **tester régulièrement.**

C Les cartes flash (flash-cards)

Le principe des flash-cards est très simple : prenez une fiche bristol, notez **une information sur le verso** et **une information sur le recto.** Les flash-cards s'adaptent à tous les types de mémoire. Leur but est de réactiver facilement et régulièrement le lien entre deux informations :

- un thème de l'œuvre ;
- un écrivain et son mouvement littéraire ;
- une œuvre et sa date…

Mémoire auditive

(lire la fiche à voix haute plusieurs fois)

Recto de la fiche

Montaigne

Verso

- 1533-1592 : château de Montaigne
- Éducation humaniste
- Importance des voyages
- Amitié avec Étienne de la Boétie
- Rencontre avec les Tupinambas en 1562 à Rouen
- Rédaction des *Essais* de 1571 à sa mort

Mémoire visuelle

Recto de la fiche

L'humanisme

Verso

Mouvement littéraire et culturel de la Renaissance

Les sources

Révolutions techniques

Grandes découvertes

Textes antiques

Homme au centre de tout
Éducation
Langue française

D Les cartes mentales

Les cartes mentales permettent de visualiser en un coup d'œil les éléments essentiels d'une notion, et les liens qu'ils entretiennent entre eux. Vous pouvez les réaliser à la main ou sur des sites internet gratuits, qui permettent une création rapide et facile.

Pour que votre carte soit claire et compréhensible, certains éléments sont indispensables :

- placez au centre le thème principal, éventuellement illustré par une image ;
- n'utilisez qu'un ou deux mots-clés par nœud ;
- chaque notion rattachée au thème principal irradie du centre ou vers le centre, sous forme de branche courbe et colorée ;
- utilisez des couleurs ;
- favorisez des liens courbes plutôt que droits entre les nœuds ;
- vous pouvez hiérarchiser les idées en les écrivant en plus ou moins gros, dans un cadre plus ou moins épais.

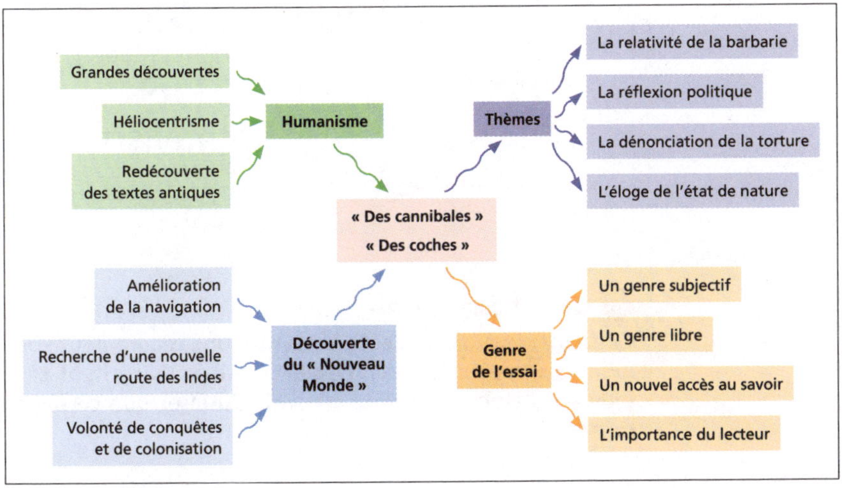

E Les nuages de mots

Pour réaliser un nuage de mots, vous pouvez vous rendre sur un site internet spécialisé (ils sont nombreux et généralement gratuits).

- Sélectionnez en premier lieu les termes que vous souhaitez retenir et qui permettent de définir simplement les grandes idées de l'œuvre ou de caractériser un personnage.
- Sur le site, saisissez les mots sélectionnés, choisissez les critères de mise en forme (police de caractères, couleurs, orientation du texte, etc.).
- Votre nuage est créé ! Vous pouvez généralement le télécharger et l'imprimer.

Vous pouvez créer un nuage de mots pour l'œuvre dans sa globalité, un autre pour les personnages, un autre encore pour l'auteur…

F Les abécédaires

Cette manière originale de présenter une œuvre peut vous aider à vous remémorer l'essentiel en vous récitant simplement l'alphabet ! Vous pouvez n'utiliser que certaines lettres.

Les Essais
Abécédaire

Anthropophagie	Nature
Barbarie	Politique
Colonisation	Relativisme
Ethnocentrisme	Scepticisme
Grandes découvertes	Torture
Héliocentrisme	Universalité
Innutrition	Vanité

G Les exempliers

- Un exemplier est une **liste d'exemples** destinés à mieux faire comprendre ou à retenir une notion.
- Il peut s'agir de citations, de mots, de noms…
- Un exemplier peut être très utile pour retenir des citations par thème et s'en servir dans la dissertation sur œuvre ! Voici une proposition d'exemplier sur le thème de la barbarie, tiré des deux chapitres des *Essais* au programme.

Barbarie

1. « Il se faut garder de s'attacher aux opinions vulgaires. » (« Des cannibales », à propos du terme « barbare »)
2. « Chacun appelle barbarie ce qui n'est pas de son usage. » (« Des cannibales », sur la relativité de la notion de barbarie)
3. « Je pense qu'il y a plus de barbarie à manger un homme vivant qu'à le manger mort. » (« Des cannibales », dénonciation des tortures des colons)
4. « Jamais l'ambition, jamais les inimitiés publiques ne poussèrent les hommes les uns contre les autres à si horribles hostilités et calamités si misérables. » (« Des coches », sur les conquêtes européennes et leur cruauté)

3 Organiser ses révisions

A Faire un « rétro-planning »

De combien de temps disposez-vous ?

Pour bien s'organiser, il faut connaître les échéances : quelles sont les dates des interrogations, des bacs blancs, des épreuves de bac, des examens ? Vous pouvez les noter sur un calendrier pour visualiser leur enchaînement, les périodes « chaudes », et pour compter le nombre de jours ou de semaines qui précèdent chaque épreuve.

B Connaître ses priorités

Sur quelles notions mettre l'accent ?

- **Commencez par identifier les cours que vous avez à réviser** : s'agit-il des textes pour l'oral, de citations à apprendre par cœur, de cours de méthodologie pour la dissertation, pour le commentaire ? Faut-il faire des fiches, ou les apprendre, les réviser ?
- **Établissez vos priorités** : surtout, pas d'impasses, il faut tout réviser ! et on n'écoute pas les « ouï-dire » qui affirment que tel objet d'étude va « tomber » pour l'interrogation ou le jour du bac. On ne peut pas savoir. Mais dans votre planning de révisions, commencez par ce qui vous demandera le plus d'implication, le plus de temps, et gardez pour la fin les tâches dans lesquelles vous êtes plus à l'aise.
- **Reprenez vos interrogations et bulletins précédents** : sur quels points votre professeur vous a-t-il demandé de vous améliorer ? S'agit-il du style, de la qualité de l'argumentation, de votre maîtrise de la méthode, de vos connaissances notionnelles ?

C Connaître son type de mémoire

→ Reportez-vous aux pages 48-49 pour connaître votre type de mémoire et ainsi savoir ce qui vous convient le mieux pour apprendre.

4 Construire son planning

A Bien s'organiser

Comment construire un planning de travail ?

- **Ménagez des plages de travail suffisamment longues** pour avoir le temps de vous concentrer sur une tâche, mais pas trop longues non plus pour ne pas perdre haleine. Une plage de **01h30 à 02h00** paraît un bon compromis.
- **Prévoyez de travailler le matin** les matières demandant le plus de concentration (le travail sur les lectures linéaires ou la reprise des dissertations). Prévoyez un moment de révisions en **fin de journée**.
- **Gardez une plage horaire vide de deux heures** en milieu de semaine ; cela vous permettra de récupérer le retard le cas échéant, ou de faire complètement autre chose si vous avez bien avancé les jours précédents !
- **Pensez à varier le type d'activités** dans une même journée : travail oral + écrit + fiches + apprentissage par cœur…
- **À la fin de chaque journée,** vérifiez que vous avez rempli vos objectifs !

B Préparer son espace de travail

Où et comment travailler ?

- **Choisissez un endroit où vous allez travailler durant toute la période de révisions :** votre bureau, la bibliothèque, la table du salon… Le lieu doit être au calme et suffisamment spacieux pour pouvoir disposer toutes vos affaires, tous vos livres au même endroit sans avoir à faire des allers-retours.
- **Ménagez-vous des moments de détente :** pauses de 15 minutes le matin et l'après-midi, temps de détente après le déjeuner pour s'aérer un peu l'esprit.
- **Éteignez votre téléphone portable**, ou passez-le en mode silencieux. C'est vraiment important pour être sûr de rester concentré.

La dissertation

→ **Pour le Bac, la dissertation porte sur une œuvre intégrale étudiée durant l'année et sur le parcours associé qui l'accompagne.**

La dissertation

Qu'est-ce que c'est ?

« Discours ou écrit où sont développés, de façon ordonnée, des arguments sur un sujet, un thème ou une question scientifique. »

« Dans les classes terminales du second cycle des lycées et dans les universités : exercice écrit, que l'on donne aux élèves ou aux étudiants, qui consiste dans la discussion argumentée d'un sujet donné. »

La dissertation au bac

• La **dissertation** est l'une des épreuves écrites proposées au baccalauréat, en concurrence avec le **commentaire de texte** (toutes filières) ou la contraction de texte suivie d'un essai (uniquement pour la littérature d'idées en filières technologiques).

• Les élèves disposent de **4 heures** pour la rédiger. Ce travail d'écriture peut parfois inquiéter les candidats, et pourtant, c'est une épreuve rassurante que l'on peut très bien préparer en amont.

• Pour réussir sa dissertation, il faut bien connaître la **méthodologie** de l'épreuve, et maîtriser parfaitement les œuvres intégrales étudiées durant l'année (sur lesquelles vous aurez constitué de nombreuses fiches durant vos révisions).

Objectifs de l'épreuve

On vous demande de :

1. répondre à la question que pose le sujet ;

2. trouver une problématique permettant d'élargir la réflexion portée par le sujet ;

3. construire une argumentation élaborée en deux ou trois grandes parties autour de cette problématique ;

4. savoir utiliser vos connaissances et votre interprétation de l'œuvre sur laquelle porte la dissertation, ainsi que des textes appartenant au parcours associé ;

5. utiliser un vocabulaire soutenu, une syntaxe claire, une orthographe rigoureuse.

Quiz

1. **Sur quoi peut porter la dissertation le jour du bac ?**
2. **Combien de parties une dissertation doit-elle comporter au minimum ?**
3. **Par quoi commence l'introduction d'une dissertation ?**

Objectif BAC

1 La dissertation en un coup d'œil

Une introduction rédigée en un seul paragraphe, qui reprend les éléments suivants

- Accroche
- Reprise du sujet
- Discussion du sujet
- Problématique
- Annonce du plan

Deux ou trois grandes parties qui sont toutes construites sur le même modèle

[alinéa 1] Annonce de l'axe de la grande partie et des sous-parties.

[alinéa 2] Premier argument, développé en s'appuyant sur des exemples interprétés.

[alinéa 3] Deuxième argument, développé en s'appuyant sur des exemples interprétés.

[alinéa 4] Troisième argument, développé en s'appuyant sur des exemples interprétés.

[alinéa 5] Bilan de la partie et transition vers la partie suivante.

! *On ne saute pas de lignes au sein d'une même partie, mais on saute des lignes entre chaque grande partie !*

Une conclusion rédigée en un seul paragraphe, qui reprend les éléments suivants

- Bilan et réponse à la problématique
- Ouverture

La dissertation

2 Réussir sa dissertation : méthode pas à pas

SUJET 1

→ **Dans *L'Existentialisme est un humanisme*, Jean-Paul Sartre écrit : « Pour obtenir une vérité quelconque sur moi, il faut que je passe par l'autre. »**
Que pensez-vous de cette affirmation au regard de votre lecture des chapitres « Des coches » et « Des cannibales » de Montaigne et des textes du parcours associé ?

A Analyser le sujet

1re ÉTAPE Travailler sur les mots-clés du sujet

1re étape
Repérer les oppositions dans la formulation du sujet

« Moi » / « L'autre » : cette opposition est la même que dans le titre du parcours associé (« notre monde » et « un autre »). C'est la notion d'altérité qui est en jeu.
« Je » : le « je » à l'origine de cette affirmation est-il celui subjectif et intime de l'auteur ou un « je » universel ?
« L'autre » : il s'agit d'autrui, un autre à valeur universelle.
« Obtenir une vérité » : l'enjeu est d'acquérir une connaissance.

2e ÉTAPE Analyser le sujet

2e étape
Déterminer le type de question posée dans le sujet : ouverte ou fermée

La question posée est une **question ouverte** (« Que pensez-vous… ? ») : on vous demande de justifier la vérité de cette affirmation de Jean-Paul Sartre ou de la remettre en question, à partir des œuvres au programme. Le plan peut donc être soit **thématique**, si vous pensez que la citation est toujours justifiable, soit **dialectique**, si vous êtes en mesure de nuancer ce jugement au regard des œuvres au programme.

3e ÉTAPE Rattacher le sujet à l'œuvre au programme

• Nous l'avons vu, la citation de Jean-Paul Sartre est très proche du titre du parcours associé, tiré du chapitre « Des coches » des *Essais* de Montaigne :
– « obtenir une vérité sur moi » = « découvrir notre monde » ;
– « il faut que je passe par l'autre » = « notre monde vient d'en trouver un autre ».

• La découverte du Nouveau Monde est l'occasion, pour Montaigne comme pour bien d'autres penseurs humanistes, de s'interroger sur le fonctionnement de la société de son époque.

• De nombreuses « vérités » émergent des chapitres des *Essais* : la vérité sur la barbarie, la vérité sur l'absence de « sauvagerie » chez les tribus amérindiennes, la vérité sur les valeurs d'un roi, la vérité sur la supériorité de la nature face à la civilisation, etc.

• C'est donc bien le passage par l'autre qui permet de réfléchir à la vérité de notre monde.

B Trouver la problématique

4e ÉTAPE Interroger le sujet

La citation de Montaigne « Notre monde vient d'en trouver un autre » est centrée sur la notion de « monde » ; elle s'intéresse donc aux apports des grandes découvertes du XVIe siècle aux connaissances sur la nature, l'humanité. La citation de Jean-Paul Sartre est bien plus large : c'est le « moi » qui est au centre de sa réflexion.

• Même s'il passe par autrui pour se forger un jugement, Montaigne, comme Sartre, n'est-il pas lui-même aussi au cœur de ses *Essais* ?

• À qui correspond le « moi » dont parle Sartre ? Si on transpose cette citation à l'œuvre de Montaigne, peut-il s'agir à la fois de l'auteur, ainsi que du lecteur des *Essais* et des autres textes du parcours ?

• Montaigne cherche-t-il vraiment à « obtenir une vérité » ? Ne peut-on pas dire qu'il aide son lecteur par la comparaison, le récit, les témoignages, à se forger sa propre vérité ?

Formulation de la problématique

Sujet → Nous pouvons donc nous demander dans quelle mesure la lecture des *Essais* de Montaigne et, plus largement, de la littérature d'idée, permet au lecteur de s'interroger sur la vérité du monde dans lequel il vit et plus généralement de l'humanité grâce au détour par une réflexion sur l'autre.

Problématique → Ne peut-on pas penser que, si le passage par autrui est indispensable pour se connaître et comprendre l'humanité, il est également important de passer par une étude approfondie de soi-même ?

C Chercher des arguments et des exemples

5e ÉTAPE Nourrir la réflexion

On peut commencer par faire la liste de tout ce que l'expression « passer par l'autre », employée par Jean-Paul Sartre, peut recouvrir dans l'œuvre de Montaigne. Pour chaque thème, on cherche à savoir quelle « vérité » l'expression permet d'approcher.

- « Passer par l'autre » = passer par la découverte de l'autre monde :

Exemples dans les *Essais* →
- le « Nouveau Monde » est décrit très précisément par Montaigne : les paysages, les plantes, les ressources naturelles, les animaux ;
- il en décrit également l'organisation sociale, les croyances, les mœurs.

→ Tout ceci permet de regarder différemment le monde européen, de le remettre en question.

↑ Réflexion à laquelle les exemples permettent d'aboutir

- « Passer par l'autre » = passer par la découverte du « sauvage », de l'autre homme :
  - le « sauvage » est au centre de la réflexion de Montaigne, il raconte les vertus, les qualités humaines des Indiens Tupinambas ;
  - mais ce ne sont pas les seuls hommes qui l'intéressent : il raconte également le comportement d'hommes de l'Antiquité.

→ Ainsi, pour s'interroger sur la notion d'humanité, il faut mettre en relation l'homme européen et tous les autres hommes.

- « Passer par l'autre » = passer par la découverte d'un autre que moi (l'auteur, les auteurs...) :
  - l'œuvre de Montaigne est nourrie par ses lectures d'auteurs antiques et celles de ses contemporains ;
  - Montaigne, lui-même, est, par la forme de l'essai, au cœur de son œuvre : il parle de ses propres impressions, émotions, pensées.

→ Si le lecteur peut parvenir à une « vérité » (la sienne), c'est parce qu'il passe par l'autre (tous les auteurs et Michel de Montaigne).

D Construire un plan

6e ÉTAPE Trouver la structure du plan

Le plan dialectique est une démarche qui vient mettre une affirmation en **débat**. On vérifie, on teste la justesse ou la réalité d'une affirmation donnée, que l'on tente en dernière partie de dépasser en proposant une autre manière de considérer les choses.

7e ÉTAPE Bâtir un plan détaillé

Exemple de plan détaillé

I. Pour comprendre le fonctionnement de la civilisation européenne, il faut passer par la découverte du Nouveau Monde.

1. Une interrogation sur la supériorité de la nature face à la civilisation.
2. Une réflexion politique et sociale.
3. La relativité des mœurs.

II. Mais cette interrogation que suscite l'autre n'est pas la seule manière d'aboutir à une vérité : la place du « je » est également essentielle.

1. L'importance de l'expérience personnelle.
2. Une lecture subjective des événements.

III. Finalement, pour obtenir une vérité, il faut passer par la lecture, par la pensée d'autres hommes que moi.

1. Il faut se nourrir de lectures pour se créer sa propre pensée.
2. Le lecteur peut, en passant par Montaigne, tenter de se forger sa vérité.
3. L'idée n'est donc pas forcément « d'obtenir une vérité », mais de provoquer une prise de conscience.

E Rédiger la dissertation

8e ÉTAPE Rédiger une introduction

• L'introduction est la mise en œuvre d'un principe ancien de l'éloquence : la *captatio benevolentiae*, autrement dit, le fait d'attirer l'attention du lecteur pour l'amener à poursuivre sa lecture. Elle suit pour cela plusieurs étapes qui permettent, en allant du plus général au plus précis, d'aboutir à la problématique puis à l'annonce de plan.

- Elle doit donc être particulièrement soignée : une bonne introduction, claire et efficace, annonce un devoir qui aura les mêmes qualités !
- Attention ! Les différentes étapes doivent être mises en valeur par des connecteurs logiques* réguliers qui montrent l'organisation de la réflexion. Ils sont d'autant plus importants que l'introduction est constituée d'un seul paragraphe.

Au XVIe siècle, la découverte du Nouveau Monde est un choc. Alors que l'homme se pensait seul sur le continent européen, on apprend que d'autres hommes vivent selon d'autres coutumes, d'autres valeurs et d'autres croyances, à des milliers de kilomètres. Les humanistes s'interrogent alors sur la place de l'homme dans l'univers et sur la relativité de ses valeurs et de ses mœurs. Ainsi Montaigne, dans le chapitre « Des coches » des Essais, exprime-t-il toute l'importance de cette découverte : « Notre monde vient d'en trouver un autre ». Par l'opposition entre ces deux mondes, le « nôtre », l'européen, et « un autre » d'une étrangeté totale, il met en valeur la distance qui les sépare. Cette démarche se rapproche de celle dont parle le philosophe Jean-Paul Sartre lorsqu'il écrit : « Pour obtenir une vérité quelconque sur moi, il faut que je passe par l'autre ». Le détour vers l'autre, un autre homme ou un autre monde, crée un jeu de comparaisons par lequel je peux observer plus efficacement mon propre univers. Nous pouvons donc nous demander dans quelle mesure la lecture de deux chapitres des Essais de Montaigne et, plus largement, de la littérature d'idée, permet au lecteur de s'interroger

Amorce : on entre dans le sujet par un angle spécifique

Présentation de l'œuvre au programme et du parcours associé

Lien entre l'œuvre et le sujet de la dissertation

Problématique

Annonce du plan →

sur la vérité du monde dans lequel il vit et plus généralement de l'humanité grâce au détour par une réflexion sur l'autre. Ne peut-on pas penser que, si le passage par autrui est indispensable pour se connaître et comprendre l'humanité, il est également important de passer par une étude approfondie de soi-même ? C'est tout d'abord par la découverte d'un monde nouveau que les penseurs humanistes ont pu redécouvrir et remettre en question le leur. Mais le passage par autrui n'est pas le seul détour qui permet la réflexion : la subjectivité de l'auteur est essentielle dans la construction d'une pensée. Finalement, l'autre qui me permet d'avancer vers la vérité ne serait-il pas l'auteur, le penseur ? En effet, c'est par sa confrontation à la pensée de Montaigne et des auteurs de la littérature d'idées que le lecteur peut parvenir à « obtenir une vérité ».

9e ÉTAPE Rédiger le corps du devoir

- Votre plan (titres des parties et sous-parties) ne doit pas apparaître dans votre devoir. Il faudra donc veiller à remplacer vos titres par des phrases claires, au début de chaque partie et de chaque sous-partie.
- Pour la même raison, votre devoir doit respecter des règles de présentation : il faut sauter des lignes entre l'introduction, les parties et la conclusion. En revanche, on ne saute pas de lignes à l'intérieur d'une partie, les paragraphes se construisent en revenant à la ligne et en faisant un alinéa.
- N'oubliez pas qu'une dissertation est un texte argumentatif ! Il ne s'agit pas de donner des informations, mais de démontrer un propos. Pour cela, usez et abusez de connecteurs logiques* qui mettront en valeur votre réflexion.

L'affirmation de Jean-Paul Sartre semble, tout d'abord, se vérifier exactement par la lecture des Essais de Montaigne : c'est en observant le Nouveau Monde et ses hommes que Montaigne tente de comprendre la vérité du monde européen.

Annonce de la **grande partie**

Dans le chapitre « Des cannibales », Montaigne fait ainsi le constat de la supériorité de l'état de nature par rapport à la civilisation. À partir des observations que son secrétaire lui rapporte sur la manière de vivre des Tupinambas, l'auteur explique en effet que leur caractère sauvage est un bien, puisque ces hommes vivent de la manière la plus proche possible de la nature. Tout en eux, leurs vertus comme leurs coutumes, témoignent d'un naturel qui s'oppose à l'artificialité des Européens qui se sont, par la civilisation, éloignés de leur état initial et de « notre grande et puissante mère nature ». Cette thèse est également celle, au XVIIIe siècle, de Jean-Jacques Rousseau dans le Discours sur l'origine et les fondements de l'inégalité parmi les hommes. Pour lui, la civilisation est la cause de l'inégalité, alors que dans l'état de nature, l'état antérieur et supérieur de l'homme, tous vivaient « sains, bons et heureux autant qu'ils pouvaient l'être ».

Énoncé de l'**argument**

Explication de l'argument et exemple précis à l'aide d'une citation

Élargissement aux œuvres étudiées dans le parcours associé

C'est ensuite la réflexion politique et sociale de Montaigne qui se construit par l'observation d'autrui. Il ne s'appuie pas seulement sur les Indiens d'Amérique, mais observe le mode de vie des hommes, notamment des rois et empereurs de l'Antiquité. Dans le chapitre « Des coches », il part ainsi de l'observation des moyens de transport de ces derniers pour s'interroger sur la vanité des signes extérieurs de richesse des Princes européens, et aboutir, plus largement encore, à une réflexion politique et sociale sur les nuisances liées aux dépenses financières excessives des rois.

Aux XXe et XXIe siècles, le genre de la dystopie utilise ce même détour par autrui pour critiquer les systèmes politiques iniques. À la différence de Montaigne, ces ouvrages ne s'inspirent pas de peuples préexistants, mais ils imaginent des mondes futurs qui permettent, en retour, de comprendre les erreurs des nôtres. C'est ce que fait l'écrivaine canadienne Margaret Atwood dans La Servante écarlate, où elle s'interroge, comme l'avait fait George Orwell avant elle, sur la manière dont une tyrannie exploite le langage des hommes pour mieux les asservir.

Enfin, ces considérations sur l'autre sont au cœur même de la notion de relativité des mœurs, réflexion essentielle dans les deux chapitres des Essais au programme. L'étude du mode de vie des Tupinambas permet à Montaigne de démontrer que « chacun appelle barbarie ce qui n'est pas de son usage ». Mais plus encore, à partir de cette affirmation, il prouve que le vrai barbare, lors de la conquête du Nouveau Monde, c'est l'homme européen. En explicitant le cannibalisme et ses sens symboliques, il montre la gratuité des tortures effectuées par les colons espagnols et portugais. L'anthropologue Claude Lévi-Strauss fera exactement le même constat lors de ses explorations en Amérique du Sud qu'il rapporte dans son essai Tristes tropiques en 1955 : il dit de ces sociétés qu'elles sont « humaines et bienveillantes quand on les envisage sous un autre aspect », et il dénonce la facilité et la fausseté des préjugés européens.

Conclusion de la première partie et **transition** vers la suivante

Il faut donc bien que je « passe par l'autre » pour comprendre, grâce au détour que me permet cette observation, la nature de mon propre monde. Et pourtant, dans un genre aussi subjectif que celui de l'essai, l'introspection n'est-elle pas nécessaire ?

Si l'autre est indispensable pour comprendre qui je suis, il ne faut cependant pas négliger l'importance d'une introspection. C'est, en effet, sur lui-même autant que sur autrui que l'auteur des Essais fonde toute sa réflexion.

L'expérience personnelle de Montaigne est constamment rappelée dans ses Essais, et c'est précisément une des caractéristiques essentielles de son œuvre. Il fait ainsi le choix de clore le chapitre « Des cannibales » sur sa rencontre, en 1562, à Rouen, avec trois membres de la tribu des Tupinambas. Sa volonté de retranscrire de manière exacte cette rencontre se voit clairement dans son écriture, et notamment dans la précision avec laquelle il rapporte les paroles de ces Indiens, tout en regrettant le peu de connaissances de son traducteur. « Je parlais à l'un d'eux fort longtemps », explique-t-il, comme pour assurer le lecteur de la vérité de cette expérience. Cette importance du « je » est, aujourd'hui encore, préservée dans la littérature d'idée. On peut ainsi penser à l'essai féministe de Virginie Despentes, King Kong Théorie. Tout comme Montaigne, elle n'hésite pas à mentionner, pour appuyer sa réflexion, des détails intimes de sa vie. Lorsqu'elle affirme « Vouloir être un homme ? Je suis mieux que ça », son « je » est autant le sien, intime, que celui de ses lectrices.

Au-delà de la narration des expériences personnelles, l'importance du « je » se lit aussi, dans les Essais, par une très forte subjectivité de l'auteur. Lorsque Montaigne raconte les crimes atroces commis par les Portugais et les Espagnols, l'écriture se fait particulièrement acerbe : le blâme est virulent, l'indignation se sent dans les tournures exclamatives et un lexique particulièrement péjoratif : « Jamais l'ambition, jamais les inimitiés publiques n'ont [...] produit de si horribles hostilités et de si révoltantes calamités », affirme-t-il violemment dans « Des coches ». Le genre du discours a recours à la même force de la subjectivité, puisque la volonté de persuasion de l'auditoire est tout à fait comparable à la démarche d'un essai. L'anaphore « I have a dream » qui scande le discours de Martin Luther King en est l'exemple parfait, dans ce qu'elle dit de l'implication totale de son auteur dans le combat pour l'égalité des droits entre Blancs et Afro-américains.

La recherche de la vérité se construirait alors sur un double mouvement : un détour par l'autre et un recentrement sur soi-même. Mais ce détour par autrui est bien plus large que le simple détour par le « sauvage » des tribus amérindiennes.

En effet, pour obtenir une vérité ou, du moins, tenter de s'en approcher, il ne suffit pas d'observer un autre spécimen humain unique. Il faut, et c'est le propre de l'humanisme, passer par la pensée d'autres auteurs, d'autres penseurs que soi.

Lorsque Montaigne écrit qu'il faut « frotter et limer sa cervelle contre celle d'autrui », c'est à l'innutrition qu'il fait référence. Les lectures incessantes qu'il fait des plus grands auteurs de l'Antiquité à ses contemporains lui permettent, par des jeux de comparaisons constants, d'approcher une vérité, celle de l'égalité des hommes au travers de leurs différences. On le voit, par exemple, dans le chapitre « Des cannibales » : pour comprendre la polygamie des Indiens, Montaigne n'hésite pas à la rapprocher de celle de Jacob dans l'Ancien Testament. Ce sont ces analogies qui, en démontrant l'absurdité des préjugés européens, montrent la relativité des coutumes. Il est d'ailleurs intéressant de constater que nombre de textes de la littérature d'idée sont construits sur ce même principe d'innutrition. Le mythe du bon sauvage en est la preuve, puisqu'il est sans cesse repris au fil des siècles par les philosophes, tel Michel Tournier qui s'inspire de Daniel Defoe pour écrire Vendredi ou Les Limbes du Pacifique.

Dans une sorte de mise en abyme de lectures, les Essais permettent alors au lecteur de tenter, à son tour, de se forger sa propre vérité sur l'homme et le monde. Lorsque Jean-Paul Sartre affirme qu'il faut que, pour ce faire, « je passe par l'autre », ne désigne-t-il pas sous le terme « l'autre » l'auteur des livres qu'il lit ? Passer par autrui, c'est ce que nous faisons lorsque nous lisons Montaigne ! Les chapitres « Des coches » ou « Des cannibales » n'assènent pas de vérités absolues, mais ils offrent au lecteur l'opportunité de créer son propre jugement à partir des observations, des comparaisons faites par Montaigne. Lorsque Claude Lévi-Strauss cite Montaigne dans son ouvrage Tristes Tropiques, il effectue bien ce même mouvement de pensée.

Il faudrait donc, pour terminer, revenir sur le propos de Jean-Paul Sartre : il parle, en effet, de la recherche d'une « vérité », et sans doute est-ce là la grande différence avec l'œuvre de Montaigne. Certes, l'auteur passe par l'autre, par de nombreux autres, même, pour construire une pensée sur la nature humaine. Son objectif ne semble pas tant d'aboutir à une vérité, que de provoquer une prise de conscience, de permettre au lecteur de construire son propre jugement. Le chapitre

« Des coches », lors de la description des jeux du cirque romains, par exemple, est fait de nombreux éléments de narration qui ne sont pas suivis de jugements critiques. Les Essais sont une œuvre ouverte, dans laquelle la suspension du jugement de l'auteur ouvre la possibilité à celui du lecteur d'exister. La littérature d'idée, dans le genre de l'essai comme dans ses genres plus fictionnels, fonctionne sur ce même principe. Nulle vérité n'est assénée par Voltaire dans la description de l'Eldorado. Quand Candide, son héros éponyme, demande, étonné, « Quoi ! Vous n'avez pas de moines qui enseignent, qui disputent, qui gouvernent, qui cabalent, et qui font brûler les gens qui ne sont pas de leur avis ? », c'est bien le lecteur qui construit tout seul une critique de la religion.

10e ÉTAPE Rédiger la conclusion

- À l'instar de l'introduction, la conclusion doit être rédigée au brouillon en un seul paragraphe.
- Elle comprend deux parties :

– la première répond à la problématique, en reprenant de manière synthétique les trois grands axes de la dissertation ;

– la seconde propose un élargissement de la pensée vers un autre ouvrage, un autre thème qui lui est proche.

Objectif BAC

La méthode adoptée par Montaigne dans ses Essais est une belle illustration de la pensée de Jean-Paul Sartre quand il écrit : « Pour obtenir une vérité quelconque sur moi, il faut que je passe par l'autre ». Le Nouveau Monde est bien cette altérité absolue qui permet de repenser l'Ancien, par un jeu fécond de comparaisons. Et cependant, cette démarche ne peut faire l'économie d'un autre détour par l'expérience personnelle et la subjectivité de l'auteur. Finalement, cet « autre » dont parle Sartre ne serait-il pas l'auteur, qui permet au lecteur de construire son propre jugement ? Pour obtenir une vérité sur l'homme, il faut donc que je passe par Montaigne et par tous les auteurs de la littérature d'idée. Dans les Lettres persanes, Montesquieu se moque des Français qui rencontrent Rica, un jeune Persan. Ils s'exclament alors : « Ah ! Ah ! Monsieur est persan ? C'est une chose bien extraordinaire ! Comment peut-on être persan ? » Cette dernière question, restée proverbiale, montre bien par son absurdité la nécessité absolue de se confronter à autrui.

Réponse à la problématique

Ouverture vers une œuvre lue dans le cadre du parcours associé

La dissertation

SUJET 2 → **Selon André Malraux, l'humanisme, c'est dire « nous voulons retrouver l'homme partout où nous avons trouvé ce qui l'écrase » (*Les Voix du silence*, 1951).**
Dans quelle mesure cette affirmation correspond-elle à votre lecture des chapitres « Des coches » et « Des cannibales » de Montaigne, ainsi qu'à votre lecture des textes du parcours associé ?

A Exemple de plan détaillé

I. Une œuvre qui dénonce les actes de torture et de barbarie.

1. Une dénonciation de la torture des colons.
→ Le chapitre « Des cannibales » montre la cruauté des Portugais.

2. Une critique du matérialisme européen.
→ Dans « Des coches », Montaigne évoque les pillages et le goût de l'or des Espagnols.

3. Une dénonciation de la corruption des mœurs européennes.
→ La fin du chapitre « Des cannibales » dit explicitement la manière dont les Français ont corrompu les Indiens Tupinambas.

II. Une œuvre qui fait l'éloge des « sauvages », en s'opposant aux préjugés.

1. Un éloge des qualités physiques des « sauvages ».
→ Dans « Des cannibales », leur force physique et leur résistance sont longuement décrites.

2. Un éloge des qualités morales des « sauvages ».
→ Le chapitre « Des coches » insiste sur les qualités intellectuelles et morales des Indiens.

3. Un éloge de l'état de nature contre la civilisation.
→ La remarque finale dans le chapitre « Des cannibales » moque l'aspect dérisoire de nos civilisations européennes.

III. Une œuvre qui met l'homme au centre de toutes choses.

1. Par l'importance donnée aux civilisations antiques.

→ Montaigne regrette que le Nouveau Monde n'ait pas été découvert dans l'Antiquité, qui aurait mieux su tirer profit de cette découverte.

2. Par une réflexion sur la vanité des connaissances et du progrès.

→ Il n'y a pas de supériorité de notre ère par rapport aux précédentes. L'idée d'un progrès incessant des civilisations est niée dans « Des coches ».

3. Par un appel à la sagesse et à l'humilité.

→ L'homme étant faible, il faut s'en tenir à une attitude sage et humble, à l'image des chefs Tupinambas décrits dans « Des cannibales ». Rien ne justifie la domination d'un homme sur un autre.

B Exemple de conclusion rédigée

Dans ces deux chapitres des Essais, Montaigne a donc bien tenté de « retrouver l'homme » en observant « ce qui l'écrase ». Ce qui l'écrase, c'est tout d'abord la gratuité de la torture et de tous les crimes commis par les colons. En les dénonçant, Montaigne va pouvoir faire l'éloge des tribus amérindiennes dont il montre la supériorité. Mais ce mouvement s'étend encore plus largement à l'humanité tout entière, érigée comme valeur universelle. Le grand ami de Montaigne, Étienne de la Boétie, a tenté la même démarche féconde dans son essai, le Discours de la servitude volontaire. C'est en étudiant le fonctionnement précis de la tyrannie qui écrase le peuple, qu'il donne à ce dernier les moyens de s'en défaire et de conquérir sa liberté.

Réponse à la problématique

Ouverture vers une œuvre lue dans le cadre du parcours associé

SUJET 3

→ **Quelles caractéristiques de l'essai en font, selon vous, un genre particulièrement adapté à la réflexion sur l'homme et le monde ? Vous répondrez à cette question en vous appuyant sur votre lecture des chapitres « Des coches » et « Des cannibales » de Montaigne, ainsi que sur celle des textes du parcours associé.**

A Exemple d'introduction rédigée

Amorce

Reformulation du sujet et problématique

Annonce du plan

Astuce : pour annoncer élégamment le plan, essayez de ne pas abuser des formules telles que « Dans une première partie, nous verrons… », qui alourdissent l'introduction.

Définir le genre littéraire de l'essai n'est pas aisé, puisque c'est un genre principalement fondé sur une totale absence de contrainte. Il faut, pour cela, revenir à l'étymologie du terme : en latin, *exagium* désigne la pesée sur un instrument de mesure. Par métaphore, on comprend que l'essai est un genre dans lequel l'auteur prend la mesure de sa pensée, en la couchant sur le papier. Cette dernière se construit librement au cours même de l'écriture. Comment ce genre, unique dans la littérature d'idée, permet-il de proposer une réflexion efficace sur l'homme et le monde ? Dans quelle mesure ses caractéristiques littéraires spécifiques permettent-elle non seulement d'exposer une réflexion, mais encore de la susciter chez le lecteur ? L'essai, tel que le pratique Montaigne dans les chapitres « Des cannibales » et « Des coches », est tout d'abord un genre qui propose des connaissances précises et objectives, garantes de son sérieux scientifique. Et pourtant, à cette impartialité, l'omniprésence du « je » de l'auteur ajoute une dimension bien plus subjective et porte une parole intime. Ces deux aspects conjoints, associés à un refus de tout jugement définitif, en font un genre qui, plus que tout autre, offre au lecteur l'occasion de tester sa propre pensée.

B Exemple de plan détaillé

I. L'essai, par sa tentative de neutralité, permet d'apporter des connaissances objectives.

1. La place de la description objective.

➜ Dans le chapitre « Des cannibales », la description des Indiens est extrêmement précise.

2. La recherche d'un témoignage le plus neutre possible.

➜ Penser à la réflexion de Montaigne sur le caractère simple et rustique de son secrétaire.

3. La restitution de la parole des témoins.

➜ La fin du chapitre « Des cannibales » relate le récit d'une rencontre et le témoignage des Indiens.

II. L'essai, par sa profonde subjectivité, porte une parole humaine.

1. Une réflexion fondée sur l'expérience personnelle.

➜ Montaigne ouvre le chapitre « Des coches » avec l'analyse des causes de son mal de mer.

2. La place essentielle du « je » de l'auteur.

➜ L'auteur est constamment présent dans ces deux chapitres (omniprésence du pronom personnel « je »).

3. Une écriture de l'éloge et du blâme.

➜ Par des modalisateurs nombreux, un lexique soit péjoratif, soit mélioratif, la subjectivité de l'auteur s'exprime constamment.

III. L'essai, par la liberté de sa forme et de sa pensée, permet au lecteur de construire sa propre réflexion.

1. La suspension du jugement de l'auteur.

➜ La juxtaposition de descriptions, de faits, sans jugement de l'auteur, permet au lecteur de construire son propre sens.

2. L'absence de vérité assénée.

➜ Les jugements de l'auteur n'impliquent que lui : l'écriture à la première personne évite les vérités générales.

3. Un genre qui questionne le lecteur.

➜ Le lecteur, à travers une sorte de dialogue avec Montaigne et tous les auteurs qu'il cite, est interrogé sur ses certitudes. L'essai est un genre qui remet en question nos préjugés.

L'oral

L'épreuve se déroule en 3 temps

1. Un temps de préparation de 30 minutes qui va vous permettre de noter au brouillon votre travail sur un texte choisi par l'examinateur, parmi les textes travaillés en classe et proposés dans le descriptif. Vous pouvez garder votre brouillon lors de votre passage devant l'examinateur. L'examinateur vous pose la question de grammaire, en lien avec le texte choisi, *avant* que vous commenciez votre préparation.

2. La première partie de l'oral de 12 minutes (lecture / analyse / grammaire).

3. La deuxième partie de l'oral de 8 minutes (discussion autour de l'œuvre choisie).

La première partie de l'épreuve orale (12 minutes / 12 points)

Cette partie s'organise en 3 étapes :

1. Présentation rapide et lecture du texte en intégralité **(2 points)** ;
2. Analyse linéaire **(8 points)** ;
3. Réponse à la question de grammaire **(2 points)**.

Comment réviser ?

- S'entraîner à **relire** à voix haute tous les textes étudiés en classe, pour ne pas buter sur les mots difficiles et pour faire entendre à l'examinateur que vous avez compris le sens des passages. Attention en particulier à la lecture des vers pour les textes de poésie et de théâtre en vers.
- Réviser les **analyses** faites sur les textes étudiés en lecture analytique en classe ; le choix de l'examinateur portera sur l'un de ces textes, d'une vingtaine de lignes environ (il peut « couper » le passage que vous avez travaillé en classe si celui-ci est plus long). Ne surtout pas faire d'impasse !
- Réviser les **mouvements** et les **notions littéraires**. Faire des fiches pour chacun, sous forme rédigée ou de carte heuristique, de *flash cards*... À vous de voir ce qui vous convient le mieux !
- Ne pas oublier de revoir les notions de **grammaire** ; l'examinateur posera une question qui sera notée sur 2 points !

La deuxième partie de l'épreuve orale (8 minutes / 8 points)

Cette partie s'organise en 2 étapes :

1. L'élève défend l'œuvre qu'il a choisie au préalable, parmi les lectures cursives ou les œuvres imposées ; ce choix figure au descriptif.
2. L'examinateur interroge l'élève pour évaluer sa réflexion sur l'œuvre choisie. Cette étape doit être un véritable moment d'échange, de discussion.

1 Méthodologie pour lire à voix haute

A Un indispensable échauffement

- Avant un oral, on échauffe sa voix comme on échaufferait ses muscles avant un exercice sportif : cela évite les enrouements et permet de diminuer les effets du stress.
- Vous pouvez ainsi masser votre visage (les lèvres, les joues, le front, le cou), mimer de larges bâillements, ou encore faire des grimaces très accentuées qui détendront les muscles faciaux.
- Vous pouvez également réciter, de plus en plus vite, ce qu'on appelle des virelangues : ces petites phrases remplies d'assonances ou d'allitérations qui vous forceront à articuler.

Le saviez-vous ?

La légende dit que Démosthène, l'un des plus brillants orateurs de l'Antiquité, était bègue. Pour guérir de ce handicap, il se serait entraîné à parler avec des cailloux dans la bouche pour se forcer à articuler clairement.

B Observer la ponctuation du texte pour contrôler son débit et sa respiration

- L'écriture de Montaigne est très particulière. Son admiration pour les auteurs de l'Antiquité, tel Cicéron, et sa maîtrise totale de la langue latine sont sans doute à l'origine des phrases très longues qu'il affectionne et que l'on nomme « périodes » en rhétorique.
- Pour exprimer ces longues phrases à voix haute, il faut prendre le temps de les lire plusieurs fois en observant précisément les signes de ponctuation employés. À chaque signe correspond, comme sur une partition musicale, un temps de pause plus ou moins long.

	Signe de ponctuation	Temps de pause et tonalité	Exemple pour s'entraîner
SIGNES DE PONCTUATION FAIBLES	Virgule	– La virgule se marque par une courte pause. – La voix doit rester stable.	« Il n'y a pas cinquante ans qu'il ne savait ni lettres, ni poids, ni mesure, ni vêtements, ni blés, ni vignes. » (« Des coches »)
	Deux-points	– La pause est importante, puisqu'elle a un sens logique, mais elle doit rester courte. – La voix reste stable.	« Les paroles mêmes qui signifient le mensonge, la trahison, la dissimulation, l'avarice, l'envie, la détraction, le pardon : inouïes. » (« Des cannibales »)
	Tiret	– Le tiret ressemble à une parenthèse. – La pause doit être marquée, mais la voix ne doit pas baisser.	« Ce n'est pas, comme on pense, pour s'en nourrir – ainsi que faisaient anciennement les Scythes. » (« Des cannibales »)
SIGNES DE PONCTUATION FORTS	Point-virgule	– La pause doit être plus longue que pour une virgule, pour bien séparer les propositions. – La voix peut baisser légèrement avant le signe de ponctuation.	« L'univers tombera en paralysie ; l'un membre sera perclus, l'autre en vigueur. » (« Des coches »)
	Point	– Le point marque la fin d'une phrase. – La voix descend avant le point et remonte au début de la phrase suivante.	« Je ne suis pas marri que nous remarquons l'horreur barbaresque qu'il y a en une telle action, mais oui bien de quoi, jugeant bien de leurs fautes, nous soyons si aveuglés aux nôtres. » (« Des cannibales »)
	Point d'exclamation	– Il peut recouvrir différentes intonations : l'indignation, la peur, l'admiration. – La voix doit apporter ces nuances en fonction du sens du texte.	« Tout cela ne va pas trop mal : mais quoi, ils ne portent point de haut-de-chausses ! » (« Des cannibales »)
	Point d'interrogation	La voix monte toujours pour indiquer une interrogation.	« et qui nous répond si c'est le dernier de ses frères, puisque les démons, les sibylles et nous avons ignoré celui-ci jusqu'à maintenant ? » (« Des coches »)

C Comprendre et s'entraîner

- Le principal écueil dans la lecture à voix haute des *Essais* de Montaigne est la compréhension du texte. Le lexique, la syntaxe ne vous sont pas toujours familiers, et c'est bien normal dans une œuvre du XVIe siècle !
- Il faut donc que vous soyez certains d'avoir compris toutes les tournures grammaticales des textes de vos lectures analytiques : votre lecture à voix haute doit prouver à votre examinateur que vous avez compris le texte.
- N'hésitez donc pas à vous enregistrer pendant vos entraînements. En vous écoutant, vous jugerez mieux des passages à reprendre, des mots sur lesquels vous butez, et vous vous corrigerez plus facilement.

D Varier les intonations pour mettre le sens en valeur

- Pour que votre lecture à voix haute soit intéressante, elle ne doit pas être monotone (faite sur une même tonalité) ni monocorde (faite sur une seule note, sans variations).
- Entraînez-vous, par exemple, à lire les nombreuses énumérations* faites par Montaigne : il faut idéalement que chaque mot de l'énumération soit prononcé avec une tonalité, un rythme, une expression différents les uns des autres :

> « il n'y a pas cinquante ans qu'il ne savait ni lettres, ni poids, ni mesure, ni vêtements, ni blés, ni vignes. »

> « et la beauté de leurs ouvrages en pierrerie, en plume, en coton, en la peinture montre qu'ils ne nous cédaient non plus en l'industrie. ».

- Bien des remarques de Montaigne sont ironiques et les sous-entendus sont nombreux. Pour les signaler, il ne faut pas que votre ton soit trop neutre : votre voix, votre sourire, votre regard doivent rendre compte du sens. Ainsi, la phrase célèbre qui clôt le chapitre « Des cannibales » doit être travaillée :

> « Tout cela ne va pas trop mal : mais quoi, ils ne portent point de haut-de-chausses ! »

2 L'explication linéaire

EXPLICATION LINÉAIRE 1

« Des coches »

Notre monde vient d'en trouver un autre (et qui nous répond[1] si c'est le dernier de ses frères, puisque les démons, les sibylles[2] et nous avons ignoré celui-ci jusqu'à maintenant ?), non moins grand, plein et membru[3] que lui, toutefois si nouveau et si enfant qu'on lui apprend encore son ABC ; il n'y a pas cinquante ans qu'il ne savait ni lettres, ni poids, ni mesure, ni vêtements, ni blés, ni vignes. Il était encore tout nu au giron[4], et ne vivait que des moyens de sa mère nourrice. Si nous concluons bien de notre fin, et ce poète[5] de la jeunesse de son siècle, cet autre monde ne fera qu'entrer en lumière quand le nôtre en sortira. L'univers tombera en paralysie ; l'un membre sera perclus[6], l'autre en vigueur.

Bien crains-je que nous aurons bien fort hâté sa déclinaison et sa ruine par notre contagion, et que nous lui aurons bien cher vendu nos opinions et nos arts. C'était un monde enfant ; si ne l'avons nous pas[7] fouetté et soumis à notre discipline par l'avantage de notre valeur et forces naturelles, ni ne l'avons pratiqué[8] par notre justice et bonté, ni subjugué par notre magnanimité. La plupart de leurs réponses et des négociations faites avec eux témoignent qu'ils ne nous devaient rien en clarté d'esprit naturelle et en pertinence. L'épouvantable[9] magnificence des villes de Cuzco et de Mexico, et, entre plusieurs choses pareilles, le jardin de ce roi, où tous les arbres, les fruits et toutes les herbes, selon l'ordre et grandeur qu'ils ont en un jardin, étaient excellemment formés en or ; comme, en son cabinet, tous les animaux qui naissaient en son État et en ses mers ; et la beauté de leurs ouvrages en pierrerie, en plume, en coton, en la peinture montre qu'ils ne nous cédaient non plus en l'industrie[10].

1. Qu'est-ce qui nous assure que.

2. Les démons antiques, sortes de génies bons ou mauvais et les prophétesses de l'Antiquité.

3. Robuste.

4. Sur les genoux de sa mère ou de sa nourrice.

5. Lucrèce, dont Montaigne vient de parler.

6. Infirme, paralysé.

7. Pourtant nous ne l'avons pas.

8. Conquis son affection.

9. Formidable.

10. Habileté technique.

Objectif BAC

A Présentation du passage et projet de lecture

→ Présentation de l'œuvre et situation de l'extrait

Écrits sur une période d'une vingtaine d'années, les *Essais* de Michel de Montaigne forment une œuvre singulière et considérable, dont la postérité littéraire est encore sensible aujourd'hui. Sous la forme de chapitres reposant chacun sur un thème particulier, l'auteur évoque tous les sujets qui lui sont chers. Le chapitre « Des coches » aborde, sous le prétexte d'une réflexion sur ce moyen de transport, aussi bien la question de la libéralité* des rois que celle, au cœur de notre extrait, de la découverte du Nouveau Monde. Il en propose une description élogieuse qui dénonce, en creux, les méfaits de la colonisation*.

→ Composition et projet de lecture

Ce paragraphe bref mais essentiel est construit en trois temps. L'auteur commence par décrire le « Nouveau Monde » à travers la métaphore* filée d'un nouveau-né. À partir de cette image, il propose ensuite une comparaison entre ce monde neuf et l'Ancien Monde, l'Europe du XVIe siècle, dont il critique les actions lors de la découverte de ce continent. Par un renversement de valeurs, il dresse alors, dans un troisième mouvement, l'éloge des civilisations précolombiennes.

→ **Nous chercherons à voir comment, par la métaphore de l'enfance, Montaigne présente la rencontre entre Ancien et Nouveau Monde et dénonce l'attitude des colonisateurs.**

L'oral

B Analyse linéaire

→ Premier mouvement

1er mouvement

Le Nouveau Monde peint en nouveau-né

> Notre monde vient d'en trouver un autre (et qui nous répond que c'est le dernier de ses frères, puisque les démons, les sibylles et nous avons ignoré celui-ci jusqu'à maintenant ?), non moins grand, plein et membru que lui, toutefois si nouveau et si enfant qu'on lui apprend encore son ABC ; il n'y a pas cinquante ans qu'il ne savait ni lettres, ni poids, ni mesure, ni vêtements, ni blés, ni vignes. Il était encore tout nu au giron, et ne vivait que des moyens de sa mère nourrice.

- La première phrase annonce la découverte du Nouveau Monde. On note tout d'abord l'opposition entre le pronom possessif initial, qui désigne l'Europe, et le substantif « un autre » qui annonce d'emblée la question de l'altérité. Par le choix du terme « notre monde », en employant la première personne du pluriel, l'auteur implique immédiatement son lecteur.
- La question rhétorique* entre parenthèses explicite le déterminant indéfini « un autre ». En effet, rien ne nous assure que c'est le dernier ! La personnification* accentue cette inconnue en créant l'image d'une famille nombreuse, et en amenant l'idée d'une fraternité entre ces mondes. C'est également l'occasion pour Montaigne de rappeler aux lecteurs la vanité des connaissances humaines.
- La personnification du Nouveau Monde se poursuit alors sur toute la fin de la période. On relève le champ lexical* de l'enfance, mais également l'évocation du corps humain, qui renforce ce champ lexical. Montaigne explique alors ce qui l'assimile à un enfant, par une accumulation de négations qui insistent toutes sur son ignorance et son dénuement. Ces négations semblent dire que ce monde nouveau ne possède aucun des éléments qui fondent une civilisation. Mais déjà, dans la fin de la phrase, l'éloge de ce monde apparaît : la « mère nourrice » est une métaphore* de la nature, et pour Montaigne, c'est dans cet état de nature que se trouve la force de ce peuple.

→ Deuxième mouvement

> Si nous concluons bien de notre fin, et ce poète de la jeunesse de son siècle, cet autre monde ne fera qu'entrer dans la lumière quand le nôtre en sortira. L'univers tombera en paralysie ; l'un membre sera perclus, l'autre en vigueur.
>
> Bien crains-je que nous aurons bien fort hâté sa déclinaison et sa ruine par notre contagion, et que nous lui aurons bien cher vendu nos opinions et nos arts. C'était un monde enfant ; si ne l'avons-nous pas fouetté et soumis à notre discipline par l'avantage de notre valeur et forces naturelles, ni ne l'avons pratiqué par notre justice et bonté, ni subjugué par notre magnanimité.

2e mouvement

Une critique de la colonisation* européenne

- Le deuxième mouvement marque le début de l'argumentation de Montaigne, par l'hypothétique « si » qui revient au texte de Lucrèce cité juste avant cet extrait. À la jeunesse de ce monde, il oppose « notre fin », naturelle puisque découlant de la « jeunesse » du siècle de Lucrèce, soit l'Antiquité. La phrase est construite sur un chiasme* qui oppose Ancien et Nouveau Monde tout en mettant en valeur le cycle infini de l'univers. La conclusion est assez tragique, et toujours fondée sur une personnification*, mais de l'univers cette fois. Le parallélisme qui suit explicite cette image, toujours en reprenant l'antithèse* entre les deux mondes.
- L'auteur débute son réquisitoire contre les Européens en reprenant la première personne du pluriel. Par la métaphore* de la maladie et le lexique de la destruction, Montaigne critique la manière dont les Européens ont affaibli ce monde en lui transmettant ses propres virus. Le ton est rendu acerbe par la répétition des intensifs sur un rythme ternaire : « bien crains-je », « bien fort hâté » et « bien cher vendu ».
- La fin du mouvement est particulièrement ironique : en reprenant un lexique de la pédagogie, pour toujours filer la métaphore de l'enfance, Montaigne dénonce les pratiques des Européens. Le cumul des négatives, particulièrement lourdes, insiste sur tous leurs torts. Ces négatives mettent en effet en valeur toutes les vertus que les Européens n'ont pas : « valeur et forces naturelles », « justice et bonté », « magnanimité ». Il faut ici comprendre que les Européens ont fait preuve des défauts inverses.

→ Troisième mouvement

3e mouvement

L'éloge du Nouveau Monde

La plupart de leurs réponses et des négociations faites avec eux témoignent qu'ils ne nous devaient rien en clarté d'esprit naturelle et en pertinence. L'épouvantable magnificence des villes de Cuzco et de Mexico, et, entre plusieurs choses pareilles, le jardin de ce roi, où tous les arbres, les fruits et toutes les herbes, selon l'ordre et grandeur qu'ils ont en un jardin, étaient excellemment formés en or ; comme, en son cabinet, tous les animaux qui naissaient en son État et en ses mers ; et la beauté de leurs ouvrages en pierrerie, en plume, en coton, en la peinture montre qu'ils ne nous cédaient non plus en l'industrie.

- Le dernier mouvement de cet extrait, abandonnant les défauts de l'Ancien Monde, va au contraire dresser un tableau élogieux de toutes les qualités du nouveau. Au « nôtre » se substitue alors la troisième personne du pluriel, qui recentre le discours sur les tribus du Nouveau Monde. Montaigne commence par lister les qualités intellectuelles de ces hommes, en les opposant directement à celles des Européens. Il ne les invente pas, mais les déduit des « réponses et des négociations faites avec eux », pour montrer la rigueur de sa démonstration. Ce sont ensuite des qualités esthétiques qu'il démontre, comme on le voit par le champ lexical* de l'art. Les hyperboles* nombreuses assimilent le « jardin » décrit en un véritable jardin d'Éden, et les pluriels emphatiques ainsi que les énumérations rendent infinies ces merveilles. Les qualités naturelles viennent alors, avant les qualités techniques. Là encore, c'est par l'énumération* des maîtrises techniques que Montaigne montre la supériorité de ce peuple.
- On remarque enfin qu'à « ils ne nous devaient rien » répond « ils ne nous cédaient non plus » de la dernière phrase. C'est encore par une tournure négative que Montaigne insiste sur la supériorité de ces peuples, en renversant totalement le préjugé européen qui veut que son Ancien Monde soit supérieur au Nouveau. Le rapport de domination est renversé, et le réquisitoire contre les Européens est si fermement mené qu'il semble impossible de le contredire.

Conclusion

Si la métaphore* de l'enfance semble initialement annoncer l'infériorité du Nouveau Monde sur l'Ancien, par un retournement de la situation, Montaigne réussit à démontrer l'inverse. Ce « monde enfant » est en réalité bien supérieur au nôtre, tant intellectuellement qu'artistiquement. Loin d'être le peuple dominant en qualités, l'Europe est responsable de n'avoir pas su prendre soin de ce peuple plein de promesses, et n'a fait que hâter sa destruction.

C Question de grammaire

Vous relèverez dans cet extrait trois formes différentes de négation.

Il existe deux formes de négation : la négation lexicale, que l'on trouve dans les antonymes, et la négation grammaticale. Celle-ci est répartie entre la négation dite totale, qui vient nier toute la portée de la phrase, la négation partielle, qui ne porte que sur l'un des éléments de la proposition, et la négation restrictive ou exceptive, qui équivaut à l'emploi de l'adverbe *seulement* ou *uniquement*.

On peut donc relever dans ce texte :
- une négation restrictive : « **ne** vivait **que** des moyens de sa mère nourrice » (l. 8), qui équivaut à dire : « il vivait uniquement des moyens de sa mère nourrice » ;
- une négation totale : « si **ne** l'avons-nous **pas** fouetté » (l. 15-16), qui nie le procès du verbe « fouetter » ;
- une négation partielle : « ils **ne** nous devaient **rien** » (l. 20), qui s'oppose à « ils nous devaient quelque chose » et ne nie donc que la seconde partie de la proposition.

L'oral

EXPLICATION LINÉAIRE 2

« Des cannibales »

Chacun rapporte pour son trophée la tête de l'ennemi qu'il a tué, et l'attache à l'entrée de son logis. Après avoir longtemps bien traité leurs prisonniers, et de toutes les commodités dont ils se peuvent aviser, celui qui en est le maître fait une grande assemblée de ses connaissants[1] ; il attache une corde à l'un des bras du prisonnier, par le bout de laquelle il le tient, éloigné de quelques pas de peur d'en être offensé, et donne au plus cher de ses amis l'autre bras à tenir de même ; et eux deux, en présence de toute l'assemblée, l'assomment à coups d'épée[2]. Cela fait, ils le rôtissent et en mangent en commun, et en envoient des lopins[3] à ceux de leurs amis qui sont absents. Ce n'est pas, comme on pense, pour s'en nourrir – ainsi que faisaient anciennement les Scythes –, c'est pour représenter une extrême vengeance. Et qu'il soit ainsi[4], ayant aperçu que les Portugais, qui s'étaient ralliés à leurs adversaires, usaient d'une autre sorte de mort contre eux, quand ils les prenaient – qui était de les enterrer jusqu'à la ceinture, et tirer au demeurant du corps force coups de trait[5], et les pendre après –, ils pensèrent que ces gens-ci de l'autre monde, comme ceux qui[6] avaient semé la connaissance de beaucoup de vices parmi leur voisinage, et qui étaient beaucoup plus grands maîtres qu'eux en toute sorte de malice[7], ne prenaient pas sans occasion cette sorte de vengeance, et qu'elle devait être plus aigre que la leur, commencèrent de quitter leur façon ancienne pour suivre celle-ci. Je ne suis pas marri[8] que nous remarquons l'horreur barbaresque qu'il y a en une telle action, mais oui bien de quoi[9], jugeant bien de leurs fautes, nous soyons si aveuglés aux nôtres. Je pense qu'il y a plus de barbarie à manger un homme vivant qu'à le manger mort, à déchirer par tourments et par géhennes[10] un corps encore plein de sentiment[11], le faire rôtir par le menu, le faire mordre et meurtrir aux chiens et aux pourceaux[12] (comme nous l'avons non seulement lu, mais vu de fraîche mémoire, non entre des ennemis anciens, mais entre des voisins et concitoyens, et, qui pis est, sous prétexte de piété et de religion), que de le rôtir et manger après qu'il est trépassé.

1. Connaissances.
2. Massue.
3. Morceaux.
4. Ce qui le prouve.
5. De nombreuses flèches.
6. Étant donné qu'ils.
7. Méchanceté.
8. Fâché.
9. Mais je suis fâché que.
10. Tortures.
11. Encore sensible, vivant.
12. Cochons.

A Présentation du passage et projet de lecture

→ Présentation de l'œuvre et situation de l'extrait

Le chapitre « Des cannibales », tiré du livre I des *Essais* de Montaigne, porte sur la description d'une tribu anthropophage sud-américaine, les Tupinambas. Contrairement à ce que semble annoncer le titre, la question du cannibalisme* n'est que très rapidement évoquée par Montaigne : il s'y intéresse dans cet extrait qui décrit et analyse les raisons de cette anthropophagie*.

→ Composition et projet de lecture

Montaigne commence par expliquer précisément le déroulement d'une cérémonie anthropophage, à la manière d'un ethnographe. Dans un second mouvement, et d'une manière assez inattendue, l'auteur, en comparant les méthodes indiennes et portugaises, s'interroge sur la relative barbarie du cannibalisme en comparaison à la torture. Le dernier mouvement, comme une conclusion, étend l'analyse à une critique très ferme des guerres de religions européennes.

→ **Nous verrons de quelle manière Montaigne, en décrivant une pratique taboue, parvient à renverser les préjugés pour critiquer la torture et la barbarie des guerres de religion.**

B Explication linéaire

→ Premier mouvement

1er mouvement

La description d'une cérémonie anthropophage

> Chacun rapporte pour son trophée la tête de l'ennemi qu'il a tué, et l'attache à l'entrée de son logis. Après avoir longtemps bien traité leurs prisonniers, et de toutes les commodités dont ils se peuvent aviser, celui qui en est le maître fait une grande assemblée de ses connaissants ; il attache une corde à l'un des bras du prisonnier, par le bout de laquelle il le tient, éloigné de quelques pas de peur d'en être offensé, et donne au plus cher de ses amis l'autre bras à tenir de même ; et eux deux, en présence de toute l'assemblée, l'assomment à coups d'épée. Cela fait, ils le rôtissent et en mangent en commun, et en envoient des lopins à ceux de leurs amis qui sont absents.

- L'extrait s'ouvre sur un champ lexical* de la guerre, puisque le cannibalisme ne se pratique, chez les Indiens Tupinambas, que dans ce contexte. On note d'emblée la précision dans la description des faits. La première phrase est très brève, et l'absence de tout modalisateur* ainsi que le présent de narration l'assimile au récit scientifique d'un ethnographe.

- La seconde phrase débute le récit de la cérémonie anthropophage. Contrairement à ce que l'on attend, les actions des Tupinambas sont rapportées à l'aide de modalisateurs mélioratifs, accentués dans la proposition suivante par l'intensif « toutes les commodités ». Il reprend alors la neutralité du récit dans les phrases suivantes : on voit ainsi un cumul de verbes d'action, et à nouveau une absence de modalisateurs. La dernière phrase est presque comique dans sa concision : « ils le rôtissent et en mangent en commun ».

- L'important semble ici l'aspect communautaire, collectif, de ce rite : les sujets sont toujours pluriels, et Montaigne insiste sur la dimension humaine de cet acte en développant le thème de l'amitié. Alors qu'on s'attendrait à une description fondée sur l'inhumanité du cannibalisme, c'est bien, au contraire, la profonde humanité des Indiens qui est mise en avant.

→ Deuxième mouvement

> Ce n'est pas, comme on pense, pour s'en nourrir – ainsi que faisaient anciennement les Scythes –, // c'est pour représenter une extrême vengeance. Et qu'il soit ainsi, ayant aperçu que les Portugais, qui s'étaient ralliés à leurs adversaires, usaient d'une autre sorte de mort contre eux, quand ils les prenaient – qui était de les enterrer jusqu'à la ceinture, et tirer au demeurant du corps force coups de trait, et les pendre après –, ils pensèrent que ces gens-ci de l'autre monde, comme ceux qui avaient semé la connaissance de beaucoup de vices parmi leur voisinage, et qui étaient beaucoup plus grands maîtres qu'eux en toute sorte de malice, ne prenaient pas sans occasion cette sorte de vengeance, et qu'elle devait être plus aigre que la leur, commencèrent de quitter leur façon ancienne pour suivre celle-ci.

2e mouvement

La relativité de la barbarie

• La volonté de Montaigne de s'opposer aux préjugés est clairement énoncée : « ce n'est pas, comme on pense », écrit-il, en incluant le lecteur dans le pronom indéfini « on ». Le but de l'auteur est en effet de ne pas juger les Tupinambas selon nos propres mœurs européennes, mais de les comprendre en abolissant les préjugés. Ainsi, il les compare immédiatement à un peuple européen, les « Scythes », pour montrer leur supériorité : le cannibalisme ne répond pas à un besoin primaire (« s'en nourrir ») mais à un besoin symbolique (« représenter une extrême vengeance »). La structure binaire de la phrase accentuée par les deux présentatifs forme une antithèse* évidente.

• La suite propose une seconde comparaison*, avec cette fois les « Portugais », les colons. Montaigne décrit précisément, encore une fois, les méthodes de torture des Portugais avec leurs prisonniers Indiens. L'adverbe « après », joint à la conjonction de coordination « et » placée après une virgule, insiste sur la chronologie de ces actes : la mort est, chez eux, précédée de la torture – ce qui n'est pas le cas dans le rituel anthropophage.

• C'est donc un mauvais exemple que les Tupinambas vont prendre en copiant les Portugais, comme l'annoncent tous les termes péjoratifs et les comparatifs de supériorité qui dénoncent la barbarie des Portugais.

→ Troisième mouvement

3e mouvement

Vers une critique des guerres de religion

> Je ne suis pas marri que nous remarquons l'horreur barbaresque qu'il y a en une telle action, mais oui bien de quoi, jugeant bien de leurs fautes, nous soyons si aveuglés aux nôtres. Je pense qu'il y a plus de barbarie à manger un homme vivant qu'à le manger mort, à déchirer par tourments et par géhennes un corps encore plein de sentiment, le faire rôtir par le menu, le faire mordre et meurtrir aux chiens et aux pourceaux (comme nous l'avons non seulement lu, mais vu de fraîche mémoire, non entre des ennemis anciens, mais entre des voisins et concitoyens, et, qui pis est, sous prétexte de piété et de religion), que de le rôtir et manger après qu'il est trépassé.

- La fin de l'extrait montre l'idée de la relativité de la barbarie. La concessive initiale de ce passage permet à Montaigne de mettre le lecteur de son côté. Certes, le cannibalisme est une « horreur barbaresque ». Le « mais » adversatif, suivi de l'opposition entre « leurs fautes » et les « nôtres » vient cependant renverser le jugement : l'homme voit l'horreur chez l'autre, mais pas chez lui-même. La comparaison suivante renverse encore une fois les préjugés : le cannibalisme fait moins de mal que la torture.

- La condamnation de la torture est rendue particulièrement incisive par la longue énumération* de verbes violents et par le soin que met l'auteur à rappeler que l'homme torturé est vivant : « un corps encore plein de sentiment ». Le vocabulaire fortement péjoratif souligne le raffinement des tortures européennes et leur cruauté.

- Mais la critique la plus précise et la plus violente est celle qui se trouve entre parenthèses : c'est là, en effet, que Montaigne s'attaque aux guerres de religion. On le voit avec le retour à l'actualité : « non seulement lu, mais vu de fraîche mémoire ». Alors qu'il mettait en valeur le sens de l'amitié chez les cannibales, il montre l'inverse chez les Européens qui se torturent « entre des voisins et concitoyens ». L'absurdité de ces massacres est exprimée par le terme « sous prétexte de piété » : là encore, c'est aux cannibales qu'il nous renvoie. Nous sommes pires qu'eux, puisque nous utilisons des causes nobles pour justifier l'injustifiable.

Conclusion

L'implication personnelle de l'auteur est évidente dans cet extrait qui porte une violente charge polémique*. Au-delà de la lutte contre les préjugés, c'est contre la torture en général et contre les guerres de religion en particulier que Montaigne s'insurge.

C Question de grammaire

Vous direz quelles relations logiques unissent les différentes propositions de cette phrase, et vous transformerez la dernière pour la lier aux précédentes par un lien de subordination.

> « Chacun rapporte pour son trophée la tête de l'ennemi qu'il a tué, et l'attache à l'entrée de son logis. »

- Cette phrase est constituée de trois propositions, puisqu'elle contient trois verbes conjugués : « rapporte », « a tué » et « attache ».
- Les deux premières propositions sont unies par un lien de subordination : « qu'il a tué » est une proposition subordonnée relative dont l'antécédent est « l'ennemi ». La deuxième est unie aux autres par un lien de coordination, grâce à la conjonction de coordination « et » qui suit la virgule.
- Cette dernière proposition peut être transformée par un lien de subordination. On peut soit construire une autre proposition subordonnée relative (*Chacun rapporte pour son trophée la tête de l'ennemi qu'il a tué, qu'il attache à l'entrée de son logis.*), soit employer une conjonction de subordination (*Chacun rapporte pour son trophée la tête de l'ennemi qu'il a tué, pour qu'il puisse l'attacher à l'entrée de son logis.*).

EXPLICATION LINÉAIRE 3

« Des cannibales »

Trois d'entre eux, ignorant combien coûtera un jour à leur repos et à leur bonheur la connaissance des corruptions de deçà[1], et que de ce commerce naîtra leur ruine, comme je présuppose qu'elle soit déjà avancée, bien misérables de s'être laissés piper[2] au désir de la nouvelleté et avoir quitté la douceur de leur ciel pour venir voir le nôtre, furent à Rouen, du temps que le feu roi Charles IX y était.

Le roi parla à eux longtemps ; on leur fit voir notre façon, notre pompe[3], la forme d'une belle ville. Après cela, quelqu'un en demanda leur avis et voulut savoir d'eux ce qu'ils y avaient trouvé de plus admirable. Ils répondirent trois choses, d'ou j'ai perdu la troisième, et en suis bien marri[4] ; mais j'en ai encore deux en mémoire : ils dirent qu'ils trouvaient en premier lieu fort étrange que tant de grands hommes, portants barbe, forts et armés, qui étaient autour du roi (il est vraisemblable qu'ils parlaient des Suisses[5] de sa garde), se soumissent à obéir à un enfant[6], et qu'on ne choisissait plutôt quelqu'un d'entre eux pour commander ; secondement (ils ont une façon de leur langage[7] telle qu'ils nomment les hommes moitié les uns des autres) qu'ils avaient aperçu qu'il y avait parmi nous des hommes pleins et gorgés de toutes sortes de commodités[8], et que leurs moitiés étaient mendiants à leurs portes, décharnés de faim et de pauvreté, et trouvaient étrange comme ces moitiés-ci nécessiteuses pouvaient souffrir une telle injustice qu'ils ne prissent les autres à la gorge ou missent le feu à leurs maisons.

Je parlai à l'un d'eux fort longtemps ; mais j'avais un truchement[9] qui me suivait si mal et qui était si empêché à recevoir mes imaginations par sa bêtise, que je n'en pus tirer guère de plaisir. Sur ce que je lui demandai quel fruit[10] il recevait de la supériorité qu'il avait parmi les siens (car c'était un capitaine, et nos matelots le nommaient roi), il me dit que c'était marcher le premier à la guerre ; de combien d'hommes il était suivi, il me montra un espace de lieu pour signifier que c'était autant qu'il en pourrait[11] en un tel espace – ce pouvait être quatre ou cinq mille hommes ; si, hors la guerre, toute son autorité était expirée, il dit qu'il lui en restait cela que, quand il visitait les villages qui dépendaient de lui, on lui dressait des sentiers au travers des haies de leurs bois, par où il pût passer bien à l'aise.

Tout cela ne va pas trop mal : mais quoi, ils ne portent point de haut-de-chausses[12] !

1. De ce côté-ci, de l'Europe.

2. Tromper par.

3. Notre richesse.

4. Fâché.

5. Mercenaires suisses employés pour la garde du roi de France.

6. Charles IX a alors 12 ans.

7. Une manière de parler.

8. Richesses.

9. Interprète.

10. Salaire, récompense.

11. Qu'il en pourrait tenir.

12. Vêtements qui couvrent le corps de la ceinture aux genoux.

A Présentation du passage et projet de lecture

→ Présentation de l'œuvre et situation de l'extrait

Au début du chapitre « Des cannibales », Montaigne évoque ce que lui a rapporté son secrétaire, témoin essentiel du mode de vie des Tupinambas. Puis, à la fin, il donne la parole aux trois sauvages ramenés à Rouen suite aux expéditions au Brésil, avec lesquels il a eu la chance de discuter.

→ Composition et projet de lecture

Construit comme un récit dans l'essai, ce passage s'ouvre sur la contextualisation précise de la rencontre. Après ce rappel, Montaigne, dans un second mouvement, donne la parole aux Indiens en racontant aux lecteurs les deux réponses dont il se souvient. Le troisième mouvement, qui expose l'entretien privé avec le capitaine de ces sauvages, se lit comme une conclusion générale du chapitre, à la clausule d'une terrible ironie*.

→ **Nous nous demanderons en quoi cet excipit forme la parfaite conclusion du chapitre, tant dans la démarche typique de Montaigne dans les *Essais* que dans une dernière critique explicite* de l'Ancien Monde.**

B Explication linéaire

→ Premier mouvement

1er mouvement
Le récit de la rencontre à Rouen

Trois d'entre eux, ignorant combien coûtera un jour à leur repos et à leur bonheur la connaissance des corruptions de deçà, et que de ce commerce naîtra leur ruine, comme je présuppose qu'elle soit déjà avancée, bien misérables de s'être laissés piper au désir de la nouvelleté et avoir quitté la douceur de leur ciel pour venir voir le nôtre, furent à Rouen, du temps que le feu Roi Charles IX y était.

Le roi parla à eux longtemps ; on leur fit voir notre façon, notre pompe, la forme d'une belle ville. Après cela, quelqu'un en demanda leur avis et voulut savoir d'eux ce qu'ils y avaient trouvé de plus admirable. Ils répondirent trois choses, d'ou j'ai perdu la troisième, et en suis bien marri ; mais j'en ai encore deux en mémoire :

- Pour faire le récit de cette rencontre, Montaigne se place en position de témoin extérieur. Il raconte l'événement de manière précise, en donnant le nombre de personnes concernées, le lieu, et le nom du roi de France.
- La première phrase, construite sur une antithèse* entre le monde des sauvages et la France, annonce déjà la thèse de cet extrait. La venue à Rouen des sauvages est décrite par l'auteur comme une erreur : il oppose la vertu de leur monde aux vices du nôtre. Cette erreur est due à l'ignorance des Indiens, mais surtout à la manipulation des explorateurs : ils se sont « laissés piper » par de belles promesses.
- Ce témoignage est enfin placé sous le signe de la parole : on note la récurrence des verbes introducteurs de paroles qui permettent à l'auteur de retranscrire au discours indirect les phrases échangées. Montaigne veut se montrer fiable, et la question de la connaissance est au cœur de son discours, comme le montre ce champ lexical*. Témoin exact, il annonce au lecteur aussi bien les choses qu'il a retenues que celles oubliées : on ne peut que lui faire confiance.

Objectif BAC

→ Deuxième mouvement

2e mouvement
Le discours des Indiens

> ils dirent qu'ils trouvaient en premier lieu fort étrange que tant de grands hommes, portants barbe, forts et armés, qui étaient autour du roi (il est vraisemblable qu'ils parlaient des Suisses de sa garde), // se soumissent à obéir à un enfant, et qu'on ne choisissait plutôt quelqu'un d'entre eux pour commander ; secondement (ils ont une façon de leur langage telle qu'ils nomment les hommes moitié les uns des autres) qu'ils avaient aperçu qu'il y avait parmi nous des hommes pleins et gorgés de toutes sortes de commodités, et que leurs moitiés étaient mendiants à leurs portes, décharnés de faim et de pauvreté, et trouvaient étrange comme ces moitiés-ci nécessiteuses pouvaient souffrir une telle injustice qu'ils ne prissent les autres à la gorge ou missent le feu à leurs maisons.

- Le second mouvement du texte constitue le rapport que Montaigne tente de faire le plus exact possible des réponses des sauvages aux questions des Français. Toujours dans l'objectif de constituer un témoignage le plus neutre possible, l'auteur multiplie les verbes de parole, tant dans le discours indirect que dans l'analyse de la façon de parler des sauvages. On voit enfin la précision de son témoignage dans les différentes parenthèses qui distinguent clairement ses propres remarques de celles des Indiens et avec les connecteurs logiques* qui soulignent la précision du discours.
- La première remarque des Indiens constitue une critique du gouvernement français, visible dans l'antithèse entre la description méliorative des hommes à la virilité affirmée et celle de leur comportement de soumission. En 1562, Le roi Charles IX n'a que douze ans, d'où l'étonnement des sauvages. Ceux-ci font preuve de bon sens, en s'interrogeant sur le fait qu'un enfant « commande » une nation.
- La deuxième remarque est une critique de la société française et de ses injustices. Elle est construite encore une fois sur une antithèse* entre la richesse, évoquée par des termes hyperboliques, et la pauvreté, elle aussi extrême. Cette indignation des sauvages sur la question des inégalités sociales en France est accentuée par la remarque de vocabulaire faite par l'auteur :

L'oral

ils « nomment les hommes moitié les uns des autres ». Montaigne reprend volontairement ce terme dans l'expression « ces moitiés-ci nécessiteuses » : en montrant l'humanité des sauvages pour qui tous les hommes sont égaux, il démontre d'autant plus l'inhumanité des Européens.

➜ Troisième mouvement

3e mouvement

Une conclusion fortement ironique et critique

Je parlai à l'un d'eux fort longtemps ; mais j'avais un truchement qui me suivait si mal et qui était si empêché à recevoir mes imaginations par sa bêtise, que je n'en pus tirer guère de plaisir. Sur ce que je lui demandai quel fruit il recevait de la supériorité qu'il avait parmi les siens (car c'était un capitaine, et nos matelots le nommaient roi), il me dit que c'était marcher le premier à la guerre ; de combien d'hommes il était suivi, il me montra un espace de lieu pour signifier que c'était autant qu'il en pourrait en un tel espace – ce pouvait être quatre ou cinq mille hommes ; si, hors la guerre, toute son autorité était expirée, il dit qu'il lui en restait cela que, quand il visitait les villages qui dépendaient de lui, on lui dressait des sentiers au travers des haies de leurs bois, par où il pût passer bien à l'aise.

Tout cela ne va pas trop mal : mais quoi, ils ne portent point de haut-de-chausses !

- Dans ce dernier passage, Montaigne rend compte plus précisément de sa discussion en privé avec le « capitaine » de ces Indiens. C'est tout d'abord sur une infériorité française qu'il insiste, en déplorant l'ignorance de son interprète par de nombreux termes péjoratifs, accentués par la répétition de l'intensif « si ». La question est encore une fois politique, et l'on voit nettement son objectif : opposer la conception du « roi » chez les sauvages et chez les Français.
- Le récit de cet échange reproduit exactement la forme du dialogue, puisque chaque proposition, séparée par un point-virgule, rappelle en premier lieu la question de Montaigne et est suivie de la réponse. Les réponses du sauvage sont l'exacte opposée du comportement des rois et capitaines européens. Elles soulignent son sens du sacrifice, le nombre important des hommes qui le suivent au combat, et l'absence de toute domination sur autrui en dehors du temps de la guerre. La critique, pour être implicite, n'en est pas moins évidente : elle met en relief l'humilité et la raison du sauvage, pour mieux critiquer l'arrogance et la lâcheté des chefs européens.

• Ce récit est donc remarquable par l'absence totale de tout jugement subjectif de l'auteur : Montaigne, en témoin fidèle, s'en remet totalement au lecteur pour qu'il construise seul ses propres déductions. Seule la dernière phrase marque le retour de la subjectivité* de Montaigne. Construite à part, telle la clausule d'un discours de rhétorique, elle est restée célèbre par son ironie mordante. La litote* initiale et la tournure orale de l'interjection « mais quoi » fonctionnent comme du discours indirect libre, en reproduisant le discours des Français. Leurs préjugés sont violemment moqués : non seulement ils sont incapables de voir la beauté de ce peuple, mais en plus la seule critique fondée de leur discours porte sur la marque dérisoire de la civilisation : les « hauts-de-chausses ».

Conclusion

Comme en une anachronique parodie de Montesquieu, Montaigne semble ici poser la question suivante : comment peut-on être humain, si l'on ne porte pas de culotte ? Cet extrait, qui oscille entre la neutralité absolue du témoignage et l'ironie* finale, porte en lui la charge critique du chapitre tout entier.

C Question de grammaire

Dans la phrase suivante, vous analyserez la construction grammaticale du discours indirect.

> « ils dirent qu'ils trouvaient en premier lieu fort étrange que tant de grands hommes, portants barbe, forts et armés, qui étaient autour du roi (il est vraisemblable qu'ils parlaient des Suisses de sa garde), se soumissent à obéir à un enfant, et qu'on ne choisissait plutôt quelqu'un d'entre eux pour commander ; secondement (ils ont une façon de leur langage telle qu'ils nomment les hommes moitié les uns des autres) qu'ils avaient aperçu qu'il y avait parmi nous des hommes pleins et gorgés de toutes sortes de commodités, et que leurs moitiés étaient mendiants à leurs portes, décharnés de faim et de pauvreté, et trouvaient étrange comme ces moitiés-ci nécessiteuses pouvaient souffrir une telle injustice qu'ils ne prissent les autres à la gorge ou missent le feu à leurs maisons. »

- Le discours indirect se signale par son intégration au récit, sans aucune marque de ponctuation : on ne trouve ni guillemets, ni tirets.
- Il est ici marqué par la présence d'un verbe introducteur de parole initial : « ils dirent », suivi de trois propositions subordonnées : « qu'ils trouvaient », « qu'ils avaient aperçu » et « trouvaient ». Dans la dernière, le mot subordonnant « que » est omis.
- Le verbe introducteur étant au passé simple, la règle de la concordance des temps oblige à mettre le verbe de la subordonnée à l'imparfait pour exprimer la simultanéité, ou au plus-que-parfait pour exprimer l'antériorité.

Objectif BAC

3 L'entretien avec l'examinateur

A Conseils pour présenter une œuvre

• Vous présenterez, lors de la seconde partie de l'oral du baccalauréat, une œuvre choisie parmi celles lues et étudiées au cours de votre année scolaire. Il s'agira de pouvoir parler seul de cette œuvre pendant quelques minutes, avant de discuter et d'approfondir, avec votre examinateur, les différents points de votre présentation.

• Pour préparer cette épreuve, vous pouvez vous inspirer du plan suivant qui suit les **règles de la construction d'un discours rhétorique**, et répondre aux questions proposées.

L'exorde **Introduire votre propos de manière à capter l'intérêt de l'examinateur.**	– Évitez de commencer par une introduction trop scolaire, qui serait un peu longue et rébarbative ! – Vous pouvez imaginer une amorce originale, qui amène la présentation de l'œuvre sous un angle personnel.
La narration **Précisez le cadre de votre lecture, ses circonstances.**	– Dans quelle séquence avez-vous lu cette œuvre ? – Comment s'est déroulée votre lecture ? A-t-elle été simple ou compliquée ? Avez-vous été dérangé.e par le vocabulaire ou la syntaxe de Montaigne ? – Comment avez-vous surmonté ces éventuelles difficultés ? – Quels travaux avez-vous faits pendant et autour de cette lecture ? Avez-vous un carnet de lecture à présenter ?
La confirmation **Présentez les arguments qui justifient le choix de cette œuvre.**	– Qu'est-ce qui vous a particulièrement plu dans cette œuvre ? Quels passages, quels thèmes vous ont marqué.e, interrogé.e ? – Quels éléments de l'œuvre ont trouvé un écho dans votre vie personnelle ou dans des réflexions que vous aviez déjà menées ? – Quels thèmes de l'œuvre résonnent, encore aujourd'hui, dans l'actualité ? – Pourquoi conseilleriez-vous de lire cette œuvre en 2021 ?
La péroraison **Terminez sur une conclusion claire et synthétique, qui résume efficacement l'intérêt que vous avez porté à l'œuvre.**	– Quelle citation de l'œuvre pourrait résumer, selon vous, l'intérêt personnel que vous y portez ? – Quelle image finale en conserverez-vous à l'esprit ?

B Conseils pour exprimer et justifier un point de vue

→ Exprimer un jugement ou une opinion

À l'oral, il faut varier votre vocabulaire pour éviter les répétitions. Vous pouvez, par exemple, utiliser les verbes et expressions suivants :

Je pense que…

Je trouve que…

J'ai été sensible à…

J'ai aimé / J'ai été enthousiasmé.e par…

Cela m'a plu / m'a séduit.e parce que…

J'ai été frappé.e / choqué.e / marqué.e par…

Cela m'a interpellé.e / interrogé.e / dérangé.e car…

J'ai l'impression que…

J'ai la sensation que…

Il me semble que…

Selon moi / À mon avis…

J'ai trouvé cela comparable à…

Cela m'a fait penser à / m'a rappelé.e / m'a évoqué…

→ Exprimer ses émotions

Votre présentation de l'œuvre doit prouver à votre examinateur que sa lecture a été personnelle. Il est important de mettre en valeur les émotions suscitées par l'ouvrage, qu'elles soient fondées sur une adhésion aux idées de l'auteur ou sur des éléments qui vous ont choqué.e ou dérangé.e. Vous pouvez vous inspirer des phrases suivantes :

J'ai été particulièrement choqué.e par la manière dont Montaigne décrit…

La description des tortures infligées par les colons m'a frappé.e, parce que…

J'ai été indigné.e par l'injustice des traitements infligés aux Indiens, parce que…

Il est émouvant de voir l'auteur si touché par…

J'ai été très sensible à l'ironie mordante dans telle phrase de l'auteur…

→ Justifier ses choix

- Il ne s'agit pas simplement de parler autour de l'œuvre, mais bien de parler de l'œuvre elle-même avec précision. Pour convaincre votre examinateur que vous la connaissez en intégralité, d'autant plus qu'il ne s'agit ici que de deux chapitres, vous devez étayer chacun de vos arguments par des exemples choisis.
- Vous pouvez citer des passages précis, en donnant à chaque fois le titre du chapitre dont votre exemple est tiré. Vous pouvez également citer de courts extraits du texte, s'ils illustrent précisément votre argument. Enfin, si vous faites des liens avec l'actualité, pensez à donner des éléments en particulier (un pays, une date, un événement historique).

C Exemples de questions et éléments de réponses possibles

1. Quels éléments de la vie de Montaigne vous semblent importants pour comprendre son œuvre ?

Vous connaissez la biographie de l'auteur, mais cette question vous demande de construire une réflexion à partir de vos connaissances : il ne s'agit pas de raconter la vie de Montaigne, mais de faire des liens entre ce qu'il a vécu et les deux chapitres des *Essais* que vous avez lus.

Vous pouvez ainsi parler de son éducation humaniste particulièrement rigoureuse, en expliquant comment toutes ses lectures des textes de l'Antiquité ont nourri son discours. On trouve en effet dans les chapitres « Des cannibales » et « Des coches » de très nombreuses citations de grands auteurs antiques que Montaigne intègre, dans leur langue originale, à sa propre réflexion.

Il faudrait également mentionner les nombreux voyages de Montaigne, et particulièrement sa rencontre à Rouen, en 1562, avec des Indiens de la tribu des Tupinambas qui ont été amenés en France par les explorateurs.

2. Quels autres œuvres avez-vous découvert au fil de votre travail ? Qu'ont-elle apporté à votre compréhension de l'œuvre ?

Avec cette question, votre examinateur cherchera à voir si vous êtes capable de tisser des liens entre les différentes lectures de votre séquence. Vous devrez donc parler des autres textes que vous avez étudiés en analyse linéaire, et des œuvres que vous avez lues en lecture cursive, tout en montrant les parallèles ou les divergences qu'ils présentent.

Vous pouvez ainsi comparer les différents mondes étudiés dans les textes que vous avez travaillés : s'agit-il toujours du « Nouveau Monde » ? Quels sont ces mondes décrits par les auteurs, et comment permettent-ils, chacun à leur manière, de réfléchir sur le nôtre ?

Pensez à préciser les spécificités des *Essais* de Montaigne, par rapport aux autres œuvres que vous avez lues. Avez-vous préféré des œuvres de fiction, comme des utopies ou des contes philosophiques, ou pensez-vous que l'essai est un genre argumentatif plus efficace ?

3. Quels sentiments, quelles réflexions, cette lecture a-t-elle suscités chez vous ?

Si vous avez choisi de présenter ces deux chapitres des *Essais*, c'est parce que leur lecture ne vous a pas laissé.e indifférent.e : il faut précisément le montrer !

Vous pouvez, par exemple, insister sur le sentiment d'indignation que l'on peut avoir face aux crimes des colons dénoncés dans le chapitre « Des coches ». Ce sentiment est, de plus, amplifié par celui de Montaigne, qui adopte souvent un ton amer, acerbe, pour exprimer son humiliation face aux exactions de ses contemporains.

Un autre point intéressant à évoquer serait la question du cannibalisme. L'analyse qu'en fait Montaigne est particulièrement pertinente et permet de remettre en question le sentiment d'horreur qu'à première vue ce geste tabou suscite chez nous. On peut avoir été sensible à la description des prisonniers qui sont impatients d'être mangés par leurs ennemis, puisqu'ils y voient une revanche !

4. Quels sont les passages que vous avez préférés dans ces deux chapitres ? Pourquoi ?

Si l'on vous pose cette question, vous pouvez bien sûr revenir sur la description des tortures ou de la rencontre de Montaigne avec les Indiens à Rouen. Vous pouvez aussi, ce qui peut être intéressant, choisir de parler de passages moins connus et qui ont pu vous marquer.

La description des jeux du cirque dans le chapitre « Des coches » est une parenthèse particulièrement frappante. Montaigne prend un plaisir affiché à décrire la magnificence de ces jeux, les sommes prodigieuses d'argent dépensées par les empereurs, les myriades d'animaux exotiques, de techniques surhumaines déployées pour frapper les foules.

On pourrait également penser à la description presque utopique et très développée des Indiens et de leur mode de vie dans le chapitre « Des cannibales ». Montaigne s'attarde ainsi longuement sur le breuvage qu'ils consomment, « tiède et assaisonné », sur ce qui leur tient lieu de pain, « doux et un peu fade ». Il y a un plaisir certain à imaginer tous ces détails qui nous plongent dans cet autre monde.

Lexique

Analogie : correspondance, ressemblance, rapport d'identité entre deux éléments bien différents.

Anaphore : figure d'amplification qui consiste en la répétition en tête de phrase ou de vers d'un même mot ou d'un même groupe de mots.

Anthropophagie : pratique du cannibalisme propre à l'espèce humaine.

Antithèse : figure qui oppose très fortement deux termes ou deux groupes de mots dans une phrase ou dans un texte.

Atlantide : île mythique évoquée par le philosophe grec Platon, hypothétiquement localisée au large du détroit de Gibraltar.

Cannibalisme : comportement qui consiste à manger des individus de sa propre espèce.

Champ lexical : ensemble de termes appartenant à un même thème ou à une même notion.

Chiasme : figure qui inverse l'ordre des termes dans une phrase construite sur une symétrie.

Colonisation : établissement dans un territoire d'un groupe de personnes, issues d'un autre pays, qui exploitent et dominent ce territoire qu'elles viennent occuper.

Comparaison : figure d'analogie qui associe deux termes (le comparant et le comparé) à l'aide d'un outil grammatical de comparaison (*comme*, *pareil à*, etc.).

Connecteur logique : mot de liaison qui établit un lien logique ou une chronologie dans un texte.

Cosmographie : au Moyen Âge et jusqu'au XVIIe siècle, discipline cherchant à décrire la diversité du monde à partir de la sphère céleste, et utilisant aussi la géographie et la géologie lors des voyages maritimes et des grandes explorations.

Énumération : liste de tous les éléments d'un même ensemble.

Essai : genre argumentatif à la première personne, développé par Montaigne, qui propose une réflexion de l'auteur sur des sujets divers.

Ethnocentrisme : tendance à juger les normes et les valeurs de sa propre société plus importantes que celles qui sont étrangères.

Explicite : un acte de parole est explicite lorsque le sens du message est parfaitement clair, et ne demande aucune interprétation du destinataire.

Géocentrisme : modèle particulièrement défendu par Aristote et Ptolémée, qui considère que la Terre est au centre de l'univers.

Héliocentrique : modèle proposé pour la première fois par Nicolas Copernic en 1513, qui place le Soleil au centre de l'univers.

Hyperbole : très forte exagération.

Implicite : un acte de parole est implicite lorsque le sens est sous-entendu. C'est au destinataire de deviner, déchiffrer le sens caché.

Innutrition : manière dont un écrivain s'imprègne de ses lectures et les réinvestit, souvent inconsciemment, dans ses propres œuvres.

Ironie : fondée sur l'antiphrase, l'ironie consiste à dire le contraire de ce qu'on pense, tout en faisant entendre au destinataire sa véritable pensée.

Libéralité : fait d'être particulièrement généreux avec les biens d'autrui.

Litote : dire le moins pour dire le plus, atténuation dans le but de rendre plus fort encore le message.

Maïeutique : art de faire éclore grandes pensées et réflexions par le dialogue. Son invention est attribuée au philosophe Socrate dans le dialogue *Théétète* de Platon.

Métaphore : figure d'analogie qui assimile deux termes l'un à l'autre (le comparant et le comparé), en les réunissant sans outil de comparaison.

Modalisateur : on désigne sous ce terme tous les mots qui servent à exprimer la subjectivité de l'auteur.

Objectivité : représentation fidèle, exacte et neutre de la chose dont on parle.

Personnification : attribution de qualités propres à une personne, à un concept abstrait.

Polémique : discussion ou débat particulièrement violent et passionné.

Question rhétorique (ou oratoire) : question qui n'attend pas de réponse, celui qui la pose la connaît déjà.

Relativisme : mouvement de pensée qui traverse les siècles depuis l'Antiquité et qui affirme que la morale et les valeurs sont variables, qu'il n'existe pas de vérité absolue.

Scepticisme : mouvement philosophique qui fait du doute un système de pensée et qui n'admet pas la possibilité d'aboutir à une connaissance absolue.

Subjectivité : représentation personnelle, partiale, de la chose dont on parle.

Réponses aux Quiz

p. 10 1. L'amitié de Montaigne avec Étienne de la Boétie est un aspect essentiel de sa vie privée ; 2. Il a passé la majeure partie de sa vie à Bordeaux ; 3. Plusieurs grandes découvertes changent la face du monde : les plus importantes sont l'héliocentrisme, la découverte du Nouveau Monde et l'imprimerie ; 4. L'humanisme a donné une très large place à l'éducation, tant par l'ouverture de nombreuses écoles que par des traités de pédagogie.

p. 16 1. Montaigne élabore lui-même ce genre argumentatif, en le modelant sur sa pensée ; 2. En observant les réflexions de l'auteur et en lisant les œuvres dont il s'inspire, le lecteur est libre de construire à son tour sa propre pensée ; 3. Ces interrogations portent à la fois sur notre monde, que nous redécouvrons en le comparant au nouveau, et sur l'être humain, à travers la découverte d'une altérité radicale.

p. 17 1. Montaigne raconte, à la manière d'un ethnographe, le mode de vie des Indiens de la tribu des Tupinambas : cette tribu vit au Brésil, dans la baie de Guanabara, où se trouve une colonie protestante dirigée par l'amiral Villegagnon ; 2. La thèse essentielle de ce chapitre est la relativité de la barbarie : Montaigne démontre que l'on considère comme barbare, ou sauvage, l'homme dont les usages sont différents des nôtres.

p. 20 Montaigne s'inspire beaucoup d'un ouvrage de Francisco Lopez de Gomara, *Histoire générale des Indes* : ce récit très critique, publié en 1552, raconte la conquête du Mexique ; 2. Montaigne développe dans son chapitre trois thèmes : le premier justifie le titre du chapitre, il s'agit d'une réflexion sur les moyens de transport ; le second en découle directement, à travers l'observation des « coches » de l'Antiquité : c'est le thème de la libéralité des princes ; le dernier thème est celui, essentiel, de la dénonciation des crimes de la colonisation.

p. 22 1. Le titre « Des coches » annonce le thème développé dans la première partie du chapitre, où Montaigne compare les différents moyens de transport ; il est repris à la fin du chapitre avec la description des porteurs du roi du Pérou ; 2. On peut citer les trois grands exemples développés par l'auteur : la mise à mort du roi de Mexico, celle du roi du Pérou, et les quatre-cent soixante hommes brûlés vifs ensemble ; 3. Sa supériorité s'exprime dans la maîtrise de nombreuses techniques, dans une grande sagesse et une grande humilité, et dans des pratiques artistiques pointues.

p. 24 1. L'étymologie de ces deux termes renvoie à l'absence de civilisation : « barbare » désigne le langage inarticulé et « sauvage » ce qui vient de la forêt ; 2. L'homme à l'état de nature n'est pas corrompu par la civilisation : il est tel que la nature l'a fait, il n'a aucun des vices que le sens de la propriété a développés chez les hommes civilisés.

p. 26 1. L'anthropophagie est un rite guerrier qui consiste à ingérer ses ennemis en signe de vengeance ; ce cannibalisme est donc symbolique, il exprime la victoire d'une tribu sur une autre ; 2. Les colons sont bien plus cruels, car ils pratiquent la torture : faire souffrir à ce point son ennemi témoigne d'un mépris de l'être humain et d'une grande cruauté.

p. 27 1. Un roi trop généreux est un roi vaniteux, davantage préoccupé par les apparences de richesse que par son peuple ; de plus, sa générosité l'affaiblit en créant un cercle vicieux : ses courtisans en demandent toujours davantage et finissent par le mépriser ; 2. La vertu essentielle d'un roi est la justice ; Montaigne loue également la franchise et la bienveillance des rois du Nouveau Monde.

p. 29 1. Un témoignage doit être simple, objectif, précis, dépourvu de toute interprétation personnelle et de tout enjolivement qui viendrait du désir de plaire à son lecteur ; 2. Les exemples et les citations des *Essais* permettent de construire des comparaisons entre les différents peuples et les différentes époques ; par ces comparaisons, l'auteur et le lecteur peuvent construire leur propre jugement sur leur monde et comprendre la relativité des mœurs.

Notes personnelles

Crédits photographiques

Couverture : © BIS / Archives Larbor

p. 4 : © BIS / Archives Larbor

Conception graphique intérieur et couverture : Élise Launay

Couverture : Clémentine Largant

Mise en pages : STDI

Fabrication : Kevin Magar

Édition : Suzanne Pointu

Dépôt légal: août 2020 - N° de projet: 10263635

Achevé d'imprimer en août 2020 par Vincenzo Bona S.p.A. à Turin en Italie